高职高专经济管理类专业系列教材

基础会计实训

主　编　安　李　董　敏　赖俊丽

副主编　何同芝　张　敏　王艳喜

参　编　李佳昱　刘佳怡　胡诗琴　巢红涌　彭晓丹

西安电子科技大学出版社

内 容 简 介

本书是《基础会计》(安李主编,西安电子科技大学出版社出版)的配套辅导书。本书依托主教材的内容精心编写而成。为了满足"会计职业核算能力培养"的目标,通过项目知识回顾、职业能力训练、综合能力训练三个部分内容的设计,有针对性地对学习者进行上述目标的训练。职业能力训练部分为与主教材同步配置的标准化习题,与主教材教学内容相互对应,辅以单项实训练习,有助于学生按照教学过程循序渐进地学习理论知识,掌握基本技能;综合能力训练部分通过一个典型企业的业务处理内容,将填制与审核原始凭证、编制与审核记账凭证、建立并登记会计账簿、成本计算、对账、结账、编制财务报表等会计核算方法的基本实训内容有机融入,不断深化理论知识,提高实践技能。通过上述练习与实训,可帮助读者夯实理论,强化技能。此外,本书最后安排了 3 套基础会计测试题,便于学生自我检查学习状况。

本书既可以作为高职高专会计专业、财务管理专业、审计专业及其他经济管理类专业的专业课教材,亦可以作为高等教育自学考试、高等成人教育和从事会计职业工作人员的参考书。

图书在版编目(CIP)数据

基础会计实训/安李,董敏,赖俊丽主编. —西安:西安电子科技大学出版社,2018.8(2022.8重印)

ISBN 978-7-5606-5061-6

Ⅰ. ①基… Ⅱ. ①安… ②董… ③赖… Ⅲ. ①会计学 Ⅳ. ①F230

中国版本图书馆 CIP 数据核字(2018)第 191424 号

策 划	杨丕勇	
责任编辑	明政珠 杨丕勇	
出版发行	西安电子科技大学出版社(西安市太白南路 2 号)	
电 话	(029)88202421 88201467	邮 编 710071
网 址	www.xduph.com	电子邮箱 xdupfxb001@163.com
经 销	新华书店	
印刷单位	广东虎彩云印刷有限公司	
版 次	2018 年 8 月第 1 版 2022 年 8 月第 4 次印刷	
开 本	787 毫米×1092 毫米 1/16 印 张 8.25	
字 数	192 千字	
印 数	4001～5000 册	
定 价	29.00 元	

ISBN 978-7-5606-5061-6 / F

XDUP 5363001-4

如有印装问题可调换

前　言

为贯彻落实国务院"简政放权、放管结合、优化服务"要求，降低人才负担和制度成本，同时考虑到目前涉及会计职业能力评价的考试较多，会计人员可以通过参加其他会计类考试证明职业能力，还可以通过接受继续教育、业务培训、学历教育等方式提高专业能力和水平，2017年11月4日习近平主席签署第八十一号主席令，通过了《会计法》等十一部法律的修订，新《会计法》取消了会计从业资格认定。

为满足教学需要，我们编写了与《基础会计》配套使用的《基础会计实训》。本书以学生日后的职业实际需求为核心，紧密结合会计工作的实际，注重具体操作技能训练，旨在提升学生的从业能力。本书主要包括三个部分。第一部分是项目知识回顾，对本项目涉及的知识点、技能点进行归纳、分析和整理。第二部分是职业能力训练，按照知识点和技能点组织练习题，包括单项选择题、多项选择题、判断题、账务处理题、计算分析题。通过职业判断能力训练，使学生全面掌握会计的基本概念、基本理论和基本知识。第三部分是综合能力训练，旨在增强学生的动手能力、提高学生的基本技能和综合运用知识的能力。每部分题目都是经过编写老师精心设计与选择、科学安排与组织的，具有很强的针对性、应用性和技能性。此外，本书最后安排了3套基础会计测试题，便于学生自我检查学习状况。

本书由安李(湖南外国语职业学院)、董敏(衡阳技师学院)、赖俊丽(湖南电子科技职业学院)主编，参加编写工作的还有何同芝、张敏、王艳喜、李佳昱、刘佳怡、胡诗琴、巢红涌、彭晓丹。在编写过程中参考了一些专家学者的书籍及资料，在此特向他们表示衷心的感谢！

由于编者水平有限，加之我国会计制度还处于不断完善中，书中难免存在一些疏漏和不足，欢迎有关专家和读者提出宝贵的意见。

本书为读者提供了相关教学资源(含电子课件)，有需要者请扫描文中二维码和登录www.xduph.com进行下载。

编　者
2018年2月

目　录

第一部分

项目知识回顾

项目 1　了解会计、会计职业与会计工作组织

本项目重点与难点

[重点]
1. 会计形成
2. 会计职业的发展
3. 我国会计工作管理体制的形式
4. 会计机构的设置

[难点]
1. 会计概念的表述
2. 会计人员的配备

知识回顾

一、会计的产生

会计是适应社会生产的发展和加强经济管理的客观要求而产生、发展的。

二、会计的发展

会计的发展经历了漫长的历史过程，大致可以分为古代会计、近代会计和现代会计三个发展时期。

发展到今天，会计已经成为一种重要的经济管理活动。

社会生产越发展，经济管理要求越高，会计就越重要。

会计概念可以表述为：会计是以货币为主要计量单位，运用专门的方法，核算和监督一个单位经济活动的一种经济管理工作。

三、会计职业的发展

现代会计包括财务会计和管理会计两大分支。

通常，会计也可按所服务会计主体的经济活动性质分为企业会计(营利组织会计)和预算会计。

四、会计工作组织

根据《会计法》的规定，国务院财政部门主管全国的会计工作，县级以上地方各级人民政府财政部门管理本行政区域内的会计工作。这就明确了由财政部门主管会计工作的管

理体制，即遵循"统一领导，分级管理"的原则。

企业会计工作组织形式一般可分为集中核算和非集中核算两种。

会计机构是指各单位办理会计事务的职能部门。根据《会计法》的规定，各单位应当根据会计业务的需要，设置会计机构，或者在有关机构中设置会计人员并指定会计主管人员；不具备设置条件的，应当委托经批准从事会计代理记账业务的中介机构代理记账。

会计人员应当具备从事会计工作所需要的专业能力。担任单位会计机构负责人(会计主管人员)的，应当具备会计师以上专业技术职务资格或者从事会计工作三年以上经历。

因有提供虚假财务会计报告，做假账，隐匿或者故意销毁会计凭证、会计账簿、财务会计报告，贪污，挪用公款，职务侵占等与会计职务有关的违法行为被依法追究刑事责任的人员，不得再从事会计工作。

项目 2   把握会计目标、会计信息质量要求和会计方法

本项目重点与难点

[重点]
1. 会计目标的内容
2. 会计基本职能的含义及其相互关系
3. 会计假设的内容
4. 权责发生制的基本原理和方法
5. 收付实现制的基本原理和方法
6. 会计信息质量要求
7. 会计核算方法的内容及其相互关系

[难点]
1. 采用权责发生制计算收入、费用的基本方法
2. 采用收付实现制计算收入、费用的基本方法

知识回顾

一、会计的目标与职能

会计的目标是向财务会计报告使用者提供与企业财务状况、经营成果和现金流量等有关的会计信息，反映企业管理层受托责任履行情况，有助于财务会计报告使用者作出经济决策。

会计的基本职能是进行核算、实行监督。会计核算是会计的首要职能，会计核算与会计监督是相互作用、相辅相成的。核算是监督的基础，没有核算，监督就无从谈起；而监督是会计核算质量的保证。随着会计理论的发展和会计实践的丰富，会计职能也不断发展，出现了预测、决策、控制和分析等新的职能。

二、会计的作用

从不同的角度分析会计的作用，可以对会计的作用有更全面的认识：
(1) 会计信息是股东了解企业经营状况，评价企业经营业绩的重要依据；
(2) 会计信息是潜在的投资者了解企业发展状况，作出投资决策的重要依据；
(3) 会计信息是债权人评价其债权的安全程度，作出持有或收回债权决策的重要依据；
(4) 会计信息是供应商和销售商评价企业经营风险，作出相应决策的重要依据；
(5) 会计信息是政府有关部门指导和监管企业，调整宏观经济的重要依据；
(6) 会计信息是企业内部管理者作出经营决策的重要依据。

三、会计的基本假设

(一) 会计主体

会计所要反映的总是特定的对象，只有明确规定会计核算的对象，将会计所要反映的对象与其他经济实体区别开来，才能保证会计核算工作的正常开展，实现会计的目标。会计主体作为会计工作的基本前提之一，为日常的会计处理提供了空间依据。

(二) 持续经营

持续经营是指会计主体的生产经营活动将无限期地延续下去，在可以预见的将来，企业不会面临清算、解散、倒闭而不复存在。

(三) 会计分期

会计分期是指将一个企业持续经营的生产经营活动划分为连续、相等的期间，又称为会计期间。

(四) 货币计量

货币计量是指采用货币作为计量单位，记录和反映企业的生产经营活动。

四、会计信息质量要求

会计信息质量具有八项特征：可靠性、相关性、可理解性、可比性、实质重于形式、重要性、谨慎性、及时性。

可靠性是指企业应当以实际发生的交易或者事项为依据进行会计确认、计量和报告，如实反映符合确认和计量要求的各项会计要素及其他相关信息，保证会计信息真实可靠、内容完整。

相关性是指企业提供的会计信息应当与财务会计报告使用者的经济决策需要相关，有助于财务会计报告使用者对企业过去、现在的情况作出评价，对未来的情况作出预测。

可理解性是指企业提供的会计信息应当清晰明了、简明扼要，便于财务会计报告使用者理解和使用。

可比性是指企业提供的会计信息应当具有纵向、横向可比性。信息的纵向可比指同一企业不同时期发生的相同或相似的交易或者事项，应当采用一致的会计政策，不得随意变更，确需变更的，应当在会计报表附注中说明；信息的横向可比指不同企业发生的相同或相似的交易或者事项，应当采用国家统一规定的相关会计方法和程序，确保会计信息口径一致、相互可比。

实质重于形式是指企业应当按照交易或者事项的经济实质进行会计确认、计量和报告，不应仅以交易或者事项的法律形式为依据。

重要性是指企业提供的会计信息应当反映与企业财务状况、经营成果和现金流量有关的所有重要交易或者事项。

谨慎性是指企业对交易或者事项进行会计确认、计量和报告应当保持应有的谨慎，不应高估资产或者收益、低估负债或者费用。

及时性是指企业对于已经发生的交易或者事项，应当及时进行会计确认、计量和报告，不得提前或者延后。

五、会计基础

会计基础就是在会计核算中，以何种标准确认、计量、记录和报告特定会计期间交易或者事项引起的收入、费用的方法。

会计上主要有两种不同的基础，即权责发生制和收付实现制。

(1) 权责发生制是指以收入的权利、支出的义务是否属于本期(或者以货币资金的应收、应付)作为标准，计算本期收入、费用的一种会计记账基础。

(2) 收付实现制是指以款项在本期是否实际收到、付出(即以货币资金的实收、实付)作为标准，计算本期收入和费用的一种会计记账基础。

六、会计核算方法

会计核算方法是指为了实现会计目标，在遵循会计信息质量特征的基本要求对会计主体的经济活动(具体化为各项会计要素)予以完整、连续、系统地确认、计量、记录和报告过程中所应用的各种专门手段。

设置会计科目及账户、复式记账、填制和审核凭证、登记账簿、成本计算、财产清查、编制会计报表。这七种方法相互联系共同组成会计核算的方法体系。

项目3 划分会计要素，建立会计等式

本项目重点与难点

[重点]
1. 会计要素的基本内容及其分类方法
2. 会计计量属性的含义和应用
3. 会计等式的含义及意义
4. 会计等式在经济交易或事项中的应用

[难点]
1. 收入与利得的区别
2. 费用与损失的区别
3. 经济交易或事项对会计等式的影响

知识回顾

一、会计要素

资产是指企业过去的交易或事项形成的、由企业拥有或控制的、预期会给企业带来经济利益的资源。按照我国的企业会计准则，符合上述资产定义的资源，还要在同时满足以下条件时，才能确认为资产：

① 与该资源有关的经济利益很可能流入企业。

② 该资源的成本或者价值能够可靠地计量。

负债是指企业过去的交易或者事项形成的，预期会导致经济利益流出企业的现时义务。

将一项现时义务确认为负债，除应符合负债的定义外，还要同时满足两个条件：第一，与该义务有关的经济利益很可能流出企业；第二，未来流出的经济利益的金额能够可靠地计量。

所有者权益是指企业资产扣除负债后，由所有者享有的剩余权益。公司的所有者权益又称为股东权益。

收入是指企业在日常活动中形成的、会导致所有者权益增加的、与所有者投入资本无关的经济利益的总流入。收入按企业从事日常活动的性质不同，分为销售商品收入、提供劳务收入和让渡资产使用权收入。收入按企业经营业务的主次不同，分为主营业务收入和其他业务收入。

费用是企业在日常活动中发生的会导致所有者权益减少的、与向所有者分配利润无关的经济利益的总流出。

利润是企业在一定会计期间的经营成果。利润包括收入减去费用后的净额、直接计入当期利润的利得和损失等。直接计入当期利润的利得和损失是指应当计入当期损益，会导致所有者权益发生增减变化的、与所有者投入资本或向所有者分配利润无关的利得和损失。

营业利润＝营业收入－营业成本－税金及附加－销售费用－管理费用
　　　　　－财务费用－资产减值损失＋公允价值变动净收益＋投资净收益

营业收入＝主营业务收入＋其他业务收入

营业成本＝主营业务成本＋其他业务成本

投资净收益＝投资收益－投资损失

公允价值变动净收益＝公允价值变动收益－公允价值变动损失

利润总额＝营业利润＋营业外收支净额

净利润＝利润总额－所得税费用

二、会计要素的计量属性

我国《企业会计准则—基本准则》提出了历史成本、重置成本、可变现净值、未来现金流量现值、公允价值五种计量属性。

三、会计等式的表现形式

(一) 财务状况等式

$$资产＝权益$$
$$资产－负债＝所有者权益$$

财务状况等式或称基本会计等式和静态会计等式，是用以反映企业某一特定时点资产、负债和所有者权益三者之间平衡关系的会计等式，即

$$资产＝负债＋所有者权益 \tag{1}$$

(二) 经营成果等式

$$收入－费用＝利润 \tag{2}$$

这一等式反映了利润的实现过程，是编制利润表的依据。

(三) 动静结合的等式

等式(1)与等式(2)可合并为

$$资产＝负债＋所有者权益＋(收入－费用)$$

或

$$费用＋资产＝负债＋所有者权益＋收入 \tag{3}$$

四、具体经济业务对会计等式的影响

经济业务又称会计事项，是指在经济活动中使会计要素发生增减变动的交易或者事项。

企业经济业务按其对财务状况等式的影响不同可以分为以下九种基本类型：

(1) 一项资产增加、另一项资产等额减少的经济业务；

(2) 一项资产增加、一项负债等额增加的经济业务；

(3) 一项资产增加、一项所有者权益等额增加的经济业务；

(4) 一项资产减少、一项负债等额减少的经济业务；

(5) 一项资产减少、一项所有者权益等额减少的经济业务；

(6) 一项负债增加、另一项负债等额减少的经济业务；

(7) 一项负债增加、一项所有者权益等额减少的经济业务；

(8) 一项所有者权益增加、一项负债等额减少的经济业务；

(9) 一项所有者权益增加、另一项所有者权益等额减少的经济业务。

项目 4　开设会计账户，运用借贷记账法

本项目重点与难点

[重点]

1. 会计科目的概念
2. 设置会计科目的原则及常用会计科目
3. 账户的含义及其与会计科目的关系
4. 账户的简化结构："T"字账
5. 复式记账的理论基础、概念、内容和优点

[难点]

1. 借贷记账法的基本内容及运用步骤
2. 借贷记账法的系统运用
3. 借贷记账法下的试算平衡

知识回顾

一、会计科目的概念及设置原则

会计科目是对会计要素对象的具体内容进行分类核算的类目。会计科目是会计制度的重要组成部分，它是对会计要素的内容按照经济管理的要求进行具体分类核算和监督的项目，是编制会计凭证、设置账簿、编制财务报表的依据。

会计科目作为向投资者、债权人、企业经营管理者等提供会计信息的重要手段，在其设置过程中应努力做到科学、合理、适用，应遵循下列原则：全面性原则、合法性原则、相关性原则、清晰性原则、简要实用性原则。

对会计科目进行分类的标准主要有三个：一是会计科目归属的会计要素；二是会计科目核算信息的详略程度；三是会计科目的经济用途。

二、会计账户的内容及设置

会计账户是根据会计科目开设的，具有一定的结构，用来系统、连续地记载各项经济业务的一种手段。

账户分类是指对账户按性质、核算内容、用途和结构进行的归类。账户分类的主要方法有三种，即按经济内容分类、按用途和结构分类、按会计信息的详细程度分类。其中，按经济内容分类是账户分类的基础。

账户分为左方(记账符号为"借")和右方(记账符号为"贷")两个方向，一方登记增加，另一方登记减少。账户中登记本期增加的金额，称为本期增加发生额；登记本期减少的金

额，称为本期减少发生额；增减相抵后的差额，称为余额，余额按照时间不同，分为期初余额和期末余额。其基本关系如下：

期末余额＝期初余额＋本期增加发生额－本期减少发生额

账户的内容具体包括账户名称、日期、凭证字号、摘要、金额。

三、会计科目和账户的关系

从理论上讲，会计科目与账户是两个不同的概念，二者既有联系，又有区别。

(一) 联系

(1) 账户是根据会计科目设置的，会计科目是账户的名称。

(2) 二者开设的目的一致，都是为了对经济业务进行分类、整理，以提供管理所需要的会计信息。

(3) 二者的内容相同。

(二) 区别

(1) 会计科目和账户的具体作用不同。

(2) 会计科目和账户制定或设置的方法不同。

四、复式记账法与借贷记账法

复式记账法是从单式记账法发展起来的一种比较完善的记账方法，也称复式记账凭证。与单式记账法相比较，其主要特点是：对每项经济业务都以相等的金额在两个或两个以上的相互联系的账户中进行记录(即做双重记录，这也是这一记账法被称为"复式"的由来)；各账户之间客观上存在对应关系，对账户记录的结果可以进行试算平衡。复式记账法较好地体现了资金运动的内在规律，能够全面地、系统地反映资金增减变动的来龙去脉及经营成果，并有助于检查账户处理和保证账簿记录结果的正确性。

在我国，复式记账法曾有借贷记账法、增减记账法、收付记账法三种，但规定使用的只有借贷记账法一种。

借贷记账法指的是以会计等式作为记账原理，以借、贷作为记账符号，来反映经济业务增减变化的一种复式记账方法。借贷记账法的记账规则可以概括为：有借必有贷，借贷必相等。

五、借贷记账法的运用

借贷记账法下，所有账户的结构都是左方为借方，右方为贷方，但借方、贷方反映会计要素数量变化的增减性质是不固定的。不同性质的账户，借、贷方所登记的内容不同。

1. 资产类账户的结构

在资产类账户中，它的借方记录资产的增加额，贷方记录资产的减少额。在同一会计期间(年、月)，借方记录的合计数额称作本期借方发生额，贷方记录的合计数额称作本期贷方发生额，在每一会计期间的期末将借、贷方发生额相比较，其差额称作期末余额。资产类账户的期末余额一般在借方。资产类账户的期末余额可根据下列公式计算：

期末余额(借方)＝期初余额＋本期借方发生额－本期贷方发生额

2. 负债类账户和所有者权益类账户的结构

负债类账户和所有者权益类账户的结构与资产类账户的正好相反，其贷方记录负债和所有者权益的增加额；借方记录负债和所有者权益的减少额，期末余额一般在贷方。负债类账户和所有者权益类账户的期末余额可根据下列公式计算：

期末余额(贷方)＝期初余额＋本期贷方发生额－本期借方发生额

3. 费用类账户的结构

费用类账户的结构与资产类账户的结构基本相同，账户的借方记录费用成本的增加额，账户的贷方记录费用成本转入抵消收益类账户(减少)的数额，由于借方记录的费用成本的增加额一般都要通过贷方转出，所以账户通常没有余额。如果有余额，也表现为借方余额。

4. 收入类账户的结构

收入类账户的结构与负债类账户和所有者权益类账户的结构基本相同，收入的增加额记入账户的贷方，收入转出(减少额)则记入账户的借方，由于贷方记录的收入增加额一般要通过借方转出，所以账户通常也没有期末余额。如果有余额，同样也表现为贷方余额。

六、会计分录与借贷记账法下的试算平衡

会计分录是指预先确定每笔经济业务所涉及的账户名称，以及记入账户的方向和金额的一种记录。会计分录由应借应贷方向、对应账户(科目)名称及应记金额三要素构成。按照所涉及账户的多少，会计分录分为简单会计分录和复合会计分录。

试算平衡是指根据借贷记账法的记账规则和资产与权益的恒等关系，通过对所有账户的发生额和余额的汇总计算和比较，来检查记录是否正确的一种方法。

借贷记账法下试算平衡的基本公式是：

全部账户的借方期初余额合计＝全部账户的贷方期初余额合计

全部账户的借方发生额合计＝全部账户的贷方发生额合计

全部账户的借方期末余额合计＝全部账户的贷方期末余额合计

不影响借贷双方平衡关系的错误通常有：

(1) 漏记某项经济业务，使本期借贷双方的发生额等额减少，借贷仍然平衡；

(2) 重记某项经济业务，使本期借贷双方的发生额等额虚增，借贷仍然平衡；

(3) 某项经济业务记录的应借、应贷科目正确，但借贷双方发生额多记或少记，且金额一致，借贷仍然平衡；

(4) 某项经济业务记错有关账户，借贷仍然平衡；

(5) 某项经济业务在账户记录中颠倒了记账方向，借贷仍然平衡；

(6) 某借方或贷方发生额中，偶然发生多记和少记并相互抵消，借贷仍然平衡。

项目5　核算企业主要经营过程的经济业务和成本计算

本项目重点与难点

[重点]

1. 运用账户、借贷记账法对企业生产经营过程各阶段的交易或事项进行账务处理的方法

2. 企业生产经营过程各阶段的交易或事项应当设置的账户

[难点]

企业主要交易或事项的账务处理方法

知识回顾

一、核算资金筹集的经济业务

(1) 筹集资金的主要交易或事项内容。

企业筹集资金主要有两个基本渠道：一是向投资者筹集资金，二是向债权人筹集资金。

(2) 筹集资金主要交易或事项核算应设置的账户。

筹集资金主要交易或事项核算应设置："实收资本""资本公积""短期借款""应付利息""长期借款""财务费用"等账户。

(3) 筹集资金主要交易或事项的账务处理。

二、核算供应过程的经济业务

(1) 采购供应的主要交易或事项内容。

企业在生产准备的过程中涉及的交易或事项主要包括两个方面：一是以购置、接受投资者投入等方式增添固定资产的交易或事项；二是以外部采购等方式储备原材料的交易或事项。

(2) 采购供应主要交易或事项核算应设置的账户。

生产准备主要交易或事项核算应设置："固定资产""在途物资""原材料""应付票据""应付账款""预付账款""应交税费""在建工程"等账户。

(3) 采购供应主要交易或事项的账务处理。

三、核算生产过程的经济业务

(1) 生产制造的主要交易或事项内容。

企业各种生产费用的发生、归集、分配和产品生产成本的形成等交易或事项，是商品生产过程核算的主要交易或事项。

(2) 生产制造主要交易或事项核算应设置的账户。

商品生产主要交易或事项核算应设置："生产成本""制造费用""库存商品""管理费用""应付职工薪酬""销售费用"等账户。

(3) 生产制造主要交易或事项的账务处理。

四、核算销售过程的经济业务

(1) 销售过程的主要交易或事项内容。

商品销售发生的交易或事项主要包括：实现营业收入、发生营业成本、产生税金及附加、形成应收债权和预收债务。

(2) 销售过程主要交易或事项核算应设置的账户。

商品销售主要交易或事项核算应设置："主营业务收入""主营业务成本""其他业务收入""其他业务成本""税金及附加""销售费用""应收票据""应收账款""预收账款"等账户。

(3) 销售过程主要交易或事项的账务处理。

五、核算财务成果形成与分配的经济业务

(1) 财务成果形成与分配的主要交易或事项内容。

企业经营成果的交易或事项主要包括两个方面：一是利润形成方面的交易或事项；二是利润分配方面的交易或事项。

(2) 财务成果形成与分配主要交易或事项核算应设置的账户。

经营成果主要交易或事项核算应设置："营业外收入""营业外支出""所得税费用""本年利润""利润分配""盈余公积""应付股利"等账户。

(3) 财务成果形成与分配主要交易或事项的账务处理。

项目6 填制和审核会计凭证

本项目重点与难点

[重点]
1. 会计凭证的意义和种类
2. 原始凭证的填制和审核
3. 记账凭证的填制和审核

[难点]
1. 会计凭证的分类
2. 原始凭证的填制要求
3. 原始凭证的审核内容
4. 记账凭证的填制要求

知识回顾

一、会计凭证的基本概念与分类

会计凭证是记录经济业务、明确经济责任的书面证明，也是登记账簿的依据。

所有会计凭证都必须认真填制，同时还得经过财会部门严格审核，只有审核无误的会计凭证才能作为经济业务发生或完成的证明，才能作为登记账簿的依据。

任何经济业务发生都必须填制和取得原始凭证，原始凭证是会计核算的原始依据。

记账凭证是登记会计账簿的直接依据。

填制和审核会计凭证是会计核算方法之一，也是会计核算工作的基础。填制和审核会计凭证在经济管理中具有重要作用：为会计核算提供原始依据；发挥会计监督作用；加强岗位责任制。

二、原始凭证的基本内容与分类

原始凭证一般都具有的基本内容是：原始凭证的名称、接受凭证的单位名称、填列日期和编号、交易或事项的主要内容(如所涉及的大小写金额)、填制原始凭证的单位名称或者填制人姓名以及经办人员的签名或者签章。

原始凭证按其来源不同，可以分为外来原始凭证和自制原始凭证两种。

原始凭证按其填制方法不同，可分为一次凭证、累计凭证和汇总凭证三种。

原始凭证按其用途不同，可分为通知凭证、执行凭证和计算凭证三种。

三、原始凭证的填制和审核

原始凭证填制的基本要求：真实可靠、内容完整、书写清楚、填制及时。对原始凭证必须严格审查其合法性、完整性、正确性。

审核原始凭证时，对于违反国家财经政策和制度规定的开支，应拒绝付款和报销；对于不真实、不合法的原始凭证不予受理，同时应当予以扣留，并向单位负责人报告，请求查明原因，追究当事人的责任；对记载不准确、不完整，手续不完备、数字有差错的原始凭证，应当予以退回，并要求按照国家统一的会计制度的规定更正、补充。

四、记账凭证的基本内容与分类

记账凭证必须具备的基本内容包括：填制单位名称，记账凭证名称，填制凭证的日期和凭证编号，经济业务的内容摘要，会计科目(包括一级、二级或明细科目)的名称、记账方向和金额(即会计分录)，所附原始凭证的张数，制证、审核、记账、会计主管等有关人员的签章等。

(1) 记账凭证按其反映的经济内容不同，可分为收款凭证、付款凭证、转账凭证三种。在会计实务中，对于现金和银行存款之间的收付款业务，为了避免记账重复，一般只编制付款凭证，不编制收款凭证。

(2) 记账凭证按其填制方式不同，可分为单式记账凭证和复式记账凭证两种。

(3) 记账凭证按汇总方法不同，可分为分类汇总凭证和全部汇总凭证两种。

五、记账凭证的填制和审核

涉及货币资金收、付的交易或事项的记账凭证，由出纳员根据审核无误的原始凭证在收、付款后填制；不涉及货币资金的交易或事项的记账凭证，由有关会计人员根据审核无误的原始凭证填制。

各种记账凭证的填制，除了严格达到填制原始凭证的要求外，还必须注意遵循记账凭证填制的若干具体要求。

记账凭证的审核内容主要包括：记账凭证是否附有合法的原始凭证、汇总原始凭证，其张数、金额、内容与记账凭证是否相符；记账凭证所确定的应借应贷会计科目和金额(即会计分录)是否正确，一级科目金额与所属明细科目金额之和是否相等；记账凭证应填的各项内容是否填写齐全，有关人员是否签名盖章。

六、会计凭证的传递和保管

会计凭证传递是指从会计凭证的填制或取得开始，到归档保管为止，在本单位内部各有关部门和人员之间按照规定的时间和路线进行传递的程序。

会计凭证的保管是指会计凭证登账后的整理、装订和归档存查。会计凭证是重要的经济档案和历史资料，必须妥善整理和保管。

项目 7　设置和登记会计账簿

本项目重点与难点

[重点]

1. 账簿的意义和种类
2. 账簿的设置和登记方法
3. 账簿的登记规则
4. 错账更正方法
5. 结账的内容及方法
6. 对账的内容及方法

[难点]

1. 会计账簿的分类方法
2. 各种账簿的设置和登记方法
3. 错账更正方法的应用

知识回顾

一、会计账簿的意义

会计账簿简称账簿，是按照会计科目开设账户、账页，用来序时地、分类地登记一定时期全部交易或事项的簿籍。

设置和登记账簿是会计核算又一种重要的方法，是对会计信息进行加工整理的一种专门方法，是会计核算工作的一个重要环节，对加强经济管理具有十分重要的意义。

就各种主要账簿而言，其基本内容包括封面、扉页和账页。

二、会计账簿的种类

会计账簿按其用途可分为序时账簿、分类账簿和备查账簿三类。

会计账簿按其外表形式可分为订本式账簿、活页式账簿和卡片式账簿三类。

在会计实务中，库存现金日记账、银行存款日记账均必须采用订本式账簿，总分类账一般也大都采用订本式账簿；活页式账簿主要适用于各种明细分类账；卡片式账簿主要适用于固定资产明细账。

三、会计账簿的设置原则和登记方法

任何单位都应当根据本单位交易或事项的特点和经营管理的需要，按照有关会计规范的规定设置账簿，确保全面、系统地核算各项交易或事项，账簿设置应力求简化，避

免繁琐。

(一) 日记账的设置和登记方法

特种日记账主要有库存现金日记账和银行存款日记账。

库存现金日记账和银行存款日记账的结构一般采用"收入""支出"和"结余"三栏式，由出纳人员根据现金、银行存款的收、付款凭证，逐日逐笔按顺序登记。对于将现金存入银行的业务，因习惯上只填制现金付款凭证，不填制银行存款收款凭证，所以此时的银行存款收入数，应根据相关的现金付款凭证登记。

(二) 总分类账的设置和登记方法

总分类账一般采用订本式账，按照会计科目的编码顺序分别开设账户，并为每个账户预留若干账页。由于总分类账只进行货币度量的核算，因此最常用的格式是三栏式，在账页中设置借方、贷方和余额三个基本金额栏。

总分类账的登记，可以根据记账凭证逐笔登记，也可以通过一定的方式分次或按月一次汇总成汇总记账凭证或科目汇总表，然后据以登记，还可以根据多栏式现金、银行存款日记账在月末时汇总登记。总分类账登记的依据和方法，取决于企业采用的账务处理程序。

(三) 明细分类账的设置和登记方法

明细分类账是根据明细账户开设账页，分类、连续地登记经济业务以提供明细核算资料的账簿。根据实际需要，各种明细账分别按二级科目或明细科目开设账户，并为每个账户预留若干账页，用来分类、连续记录有关资产、负债、所有者权益、收入、费用、利润等详细资料。

明细账的格式，应根据它所反映经济业务的特点，以及财产物资管理的不同要求来设计，一般有三栏式明细账、数量金额式明细账、多栏式明细账和横线登记式明细分类账四种。

四、结账与对账

结账是在期末(月末、季末、年末)将当期应记的交易或事项全部登记入账的基础上，结算、登记各种账簿本期发生额和期末余额的记账工作。

结账的基本程序：1. 将本期发生的经济业务事项全部登记入账，并保证其正确性。2. 根据权责发生制的要求，调整有关账项，合理确定本期应计的收入和应计的费用。

对账应包括账簿与凭证的核对、账簿与账簿的核对、账簿与实物的核对。把账簿记录的数字核对清楚，做到账证相符、账账相符和账实相符。对账工作至少每年进行一次。

五、更正错账的方法

(一) 划线更正法

记账凭证填制正确，在记账或结账过程中发现账簿记录中文字或数字有错误，应采用划线更正法。

(二) 红字更正法

在记账以后，如果发现记账凭证中应借、应贷科目或金额发生错误时，可以用红字更正法进行更正。

(三) 补充登记法

在记账之后，如果发现记账凭证中应借、应贷的账户没有错误，但所记金额小于应记金额，造成账簿中所记金额也小于应记金额，这种错账应采用补充登记法进行更正。

六、会计账簿的更换与保管

账簿的使用一般以一个会计年度为限。新的会计年度开始时，日记账、总账及大部分明细账都要更换，变动较小的小部分明细账可以继续使用而不按年更换。账簿的更换一般结合年终决算进行。

会计账簿是重要的会计档案之一，必须严格按《会计档案管理办法》规定的保管年限妥善保管，不得丢失和任意销毁，新修订的管理办法要求所有会计账簿保管期限不得低于30年。

项目 8　选择和应用账务处理程序

本项目重点与难点

[重点]
1. 记账凭证账务处理程序的特点、内容、优缺点和适用范围
2. 科目汇总表账务处理程序的特点、内容、优缺点和适用范围
3. 汇总记账凭证账务处理程序的特点、内容、优缺点和适用范围

[难点]
1. 科目汇总表的编制原理和基本方法
2. 科目汇总表账务处理程序的运用
3. 汇总记账凭证的编制原理和基本方法

知识回顾

一、账务处理程序的意义和种类

账务处理程序是指会计凭证、会计账簿、会计报表之间相互结合的方式。

如何根据本单位的规模大小、交易或事项的繁简程度以及管理上的要求等实际情况，科学合理地选择或设计一种适用于本单位的账务处理程序，具有重要意义。

根据登记总分类账的依据、方法不同，账务处理程序可分为记账凭证账务处理程序、科目汇总表账务处理程序、汇总记账凭证账务处理程序、多栏式日记账账务处理程序、日记总账账务处理程序和通用日记账账务处理程序等。

各种账务处理程序的区别主要表现在登记总分类账的依据、方法不同。

二、记账凭证账务处理程序的特点、内容、优缺点和适用范围

记账凭证账务处理程序是最基本的一种账务处理程序，在这种账务处理程序下，要求直接根据记账凭证逐笔登记总分类账。

记账凭证账务处理程序下的一般程序如下：

(1) 根据原始凭证编制汇总原始凭证；

(2) 根据原始凭证或汇总原始凭证，编制收款凭证、付款凭证和转账凭证，也可以填制通用记账凭证；

(3) 根据收款凭证和付款凭证，逐笔登记现金日记账和银行存款日记账；

(4) 根据原始凭证、汇总原始凭证和通用记账凭证，登记各种明细分类账；

(5) 根据通用记账凭证逐笔登记总分类账；

(6) 期末，按照对账的要求将现金日记账、银行存款日记账的余额，以及各种明细分

类账余额合计数，分别与总分类账中有关科目的余额核对相符；

(7) 期末，根据核对无误的总分类账和明细分类账的记录，编制会计报表。

记账凭证账务处理程序简单明了，总分类账记录中的账户对应关系清楚，但登记总分类账的工作量较大，因此，一般适用于规模较小的单位。

三、科目汇总表账务处理程序的特点、内容、优缺点和适用范围

科目汇总表账务处理程序又称记账凭证汇总表账务处理程序，它是根据记账凭证定期编制科目汇总表，再根据科目汇总表登记总分类账的一种账务处理程序。其一般程序如下：

(1) 根据原始凭证编制汇总原始凭证；

(2) 根据原始凭证或汇总原始凭证，编制收款凭证、付款凭证和转账凭证，也可以填制通用记账凭证；

(3) 根据收款凭证和付款凭证，逐笔登记现金日记账和银行存款日记账；

(4) 根据原始凭证、汇总原始凭证和通用记账凭证，登记各种明细分类账；

(5) 根据通用记账凭证，定期编制科目汇总表；

(6) 根据定期编制的科目汇总表，登记总分类账；

(7) 期末，按照对账的要求将现金日记账、银行存款日记账的余额，以及各种明细分类账余额合计数，分别与总分类账中有关科目的余额核对相符；

(8) 期末，根据核对无误的总分类账和明细分类账的记录，编制会计报表。

采用科目汇总表账务处理程序可以大大减轻登记总账的工作量，同时，能起到登记总账前的试算平衡作用。科目汇总表及总分类账户都不反映账户对应关系。

科目汇总表账务处理程序是实际工作中运用最为广泛的一种账务处理程序，其主要适用于经济业务量较大的企业。

四、汇总记账凭证账务处理程序的特点、内容、优缺点和适用范围

账务处理程序汇总记账凭证账务处理程序是根据原始凭证或汇总原始凭证编制记账凭证，定期根据记账凭证分类编制汇总收款凭证、汇总付款凭证和汇总转账凭证，再根据汇总记账凭证登记总分类账的一种账务处理程序。其一般程序如下：

(1) 根据原始凭证编制汇总原始凭证；

(2) 根据原始凭证或汇总原始凭证，编制收款凭证、付款凭证和转账凭证，也可以填制通用记账凭证；

(3) 根据收款凭证和付款凭证，逐笔登记现金日记账和银行存款日记账；

(4) 根据原始凭证、汇总原始凭证和通用记账凭证，登记各种明细分类账；

(5) 根据一定时期内的全部记账凭证，汇总编制汇总收款凭证、汇总付款凭证和汇总转账凭证；

(6) 根据定期编制的汇总收款凭证、汇总付款凭证和汇总转账凭证，登记总分类账；

(7) 期末，按照对账的要求将现金日记账、银行存款日记账的余额，以及各种明细分类账余额合计数，分别与总分类账中有关科目的余额核对相符；

(8) 期末，根据核对无误的总分类账和明细分类账的记录，编制会计报表。

汇总记账凭证账务处理程序减轻了登记总分类账的工作量，便于了解账户之间的对应关系。其缺点是：按每一贷方科目编制汇总转账凭证，不利于会计核算的日常分工，当转账凭证较多时，编制汇总转账凭证的工作量较大。该财务处理程序适用于规模较大、经济业务较多的单位。

项目 9　组织和开展财产清查

本项目重点与难点

[重点]
1．财产清查方法的分类与运用
2．财产清查结果的账务处理

[难点]
1．银行存款余额调节表的编制原理及方法
2．各种情况下财产清查结果的账务处理

知识回顾

一、财产清查的含义与作用

财产清查也叫财产检查，是指通过对实物、现金的实地盘点和对银行存款、往来款项的核对，查明各项财产物资、货币资金、往来款项的实有数和账面数是否相符的一种会计核算的专门方法。

财产清查可以保证会计核算资料的真实可靠，有利于保证会计信息的质量；有利于保证各项财产的安全完整和维护财经纪律的严肃性；可以促进经营管理水平的提高；财产清查是进行资产评估的一项基础性工作。

二、财产清查的种类与程序

财产清查按清查的对象和范围，可分为全面清查和局部清查。
财产清查按清查的时间，可分为定期清查和不定期清查。
财产清查一般包括准备阶段、实施阶段和总结阶段三个主要环节。

三、财产清查的方法

(一) 实物资产的清查方法
财产物资盘存制度："永续盘存制"和"实地盘存制"。

(二) 货币资金与往来款项的清查方法
货币资金与往来款项的清查方法包括库存现金、银行存款和往来款项的清查方法，以及"银行存款余额调节表"的编制方法。

四、财产清查结果的账务处理

通过"待处理财产损溢"账户进行账务处理，该账户是专门用来核算企业在财产清查过程中查明的各种财产物资的盘盈、盘亏和毁损的账户。该账户的借方登记各种财产物资的盘亏、毁损数及按照规定程序批准的盘盈转销数，贷方登记各种财产物资的盘盈数及按照规定程序批准的盘亏、毁损、转销数。

项目 10 编制和报送会计报表

本项目重点与难点

[重点]

1. 会计报表的组成与编制要求
2. 资产负债表的编制原理及基本方法
3. 利润表的编制原理及基本方法

[难点]

1. 资产负债表的编制原理和基本方法
2. 利润表的编制原理和基本方法
3. 现金流量表的基本结构

知识回顾

一、会计报表的组成、作用

财务会计报告是指企业对外提供的反映企业某一特定日期的财务状况和某一会计期间的经营成果、现金流量等会计信息的文件。

企业财务会计报告应当包括财务报表和其他应当在财务会计报告中披露的相关信息和资料。

一套完整的会计报表至少应当包括资产负债表、利润表、现金流量表、所有者权益(股东权益)变动表和会计报表附注，即所谓"四表一注"。

从所反映的会计期间长短的不同看，企业财务会计报告包括年度财务会计报告和中期财务会计报告两类。中期财务会计报告通常包括半年度、季度和月度财务会计报告。

编制财务会计报告既是会计核算的一种专门方法，也是会计核算工作的重要内容，是对企业日常会计核算工作及其成果的总结，是企业对外提供财务会计信息的一种较为恰当的重要方式和手段。

二、会计报表的编制要求

编制会计报表，应当做到数字真实、计算准确、内容完整、编报及时。具体应遵循以下原则：1. 持续经营原则；2. 公允列报原则；3. 权责发生制原则；4. 信息列报的一致性原则；5. 重要性原则；6. 抵消原则；7. 信息列报的可比性原则；8. 财务报表表首列报要求；9. 报告期间。

三、资产负债表的编制原理及基本方法

资产负债表是总括反映企业某一特定日期全部资产、负债和所有者权益情况的会计报表。资产负债表具有重要作用。

资产负债表的格式。资产负债表中的各项目一般应按以下方法排列：资产项目按资产流动性或变现性程度的高低顺序自上而下排列；负债项目按负债偿还期的长短排列；所有者权益项目按所有者权益永久性递减的顺序排列。

资产负债表中"年初余额"栏各项的数字，应按上年年末资产负债表中"期末余额"栏中的数字填列。若本年度资产负债表中规定的各项目的名称和内容与上年度不一致，应对上年年末资产负债表各项的名称和数字按照本年度的规定进行调整后，填入表中的"年初余额"栏。

四、利润表的编制原理及基本方法

利润表是总括反映企业一定会计期间经营成果的会计报表。利润表具有重要作用。

利润表的格式。利润表主要反映营业收入、营业利润、利润总额和净利润等内容。在多步式利润表中，利润的计算步骤。

利润表中的各项目都列有"本期金额"和"上期金额"两栏。"本期金额"栏反映各项目的本月实际发生数。"上期金额"栏内各项数字，应根据上年该期利润表"本期金额"栏内所列数字填列。

五、其他会计报表的基本情况

现金流量表是反映一定时期内(如月度、季度或年度)企业经营活动、投资活动和筹资活动对其现金及现金等价物所产生影响的会计报表。

所有者权益变动表是反映公司本期(年度或中期)内截至期末所有者权益变动情况的报表。其中，所有者权益变动表应当全面反映一定时期所有者权益变动的情况。

会计报表附注就是对会计报表的编制基础、编制原理和方法及主要项目等所作的解释和进一步说明，以便报表的使用者全面、正确地理解会计报表。

六、财务会计报告的报送

企业对外提供的财务会计报告编制完毕，必须按规定报送。

第二部分

职业能力训练

项目 1　了解会计、会计职业与会计工作组织

一、单项选择题

1. 以下关于会计的特征，说法不正确的是(　　)。

A. 会计是一种经济管理活动

B. 会计是一个经济信息系统

C. 会计采用一系列专门的方法

D. 会计只具有核算的职能，不具备监督职能

2. 会计主要的计量单位是(　　)。

A. 货币　　　　　　B. 劳动量　　　　　　C. 实物　　　　　　D. 价格

3. "会计"一词最早出现在我国的朝代是(　　)。

A. 西周　　　　　　B. 东周　　　　　　C. 西汉　　　　　　D. 唐朝

4. 会计对经济活动的管理属(　　)。

A. 实物管理　　　B. 劳动管理　　　　C. 价值管理　　　D. 生产管理

二、多项选择题

1. 近代会计发展史上的两个里程碑分别是(　　)。

A. 复式账簿的产生　　　　　　　　B. 爱丁堡会计师公会诞生

C. 文艺复兴　　　　　　　　　　　D. 资本主义在英国确立

2. 会计随着人类社会生产的发展和经济管理的需要而产生、发展并不断得到完善，其中，会计的发展可划分为(　　)阶段。

A. 古代会计　　　B. 近代会计　　　　C. 现代会计　　　D. 未来会计

3. 会计工作组织形式主要有(　　)形式。

A. 集中核算形式　　　　　　　　　B. 非集中核算形式

C. 独立核算形式　　　　　　　　　D. 联合核算形式

4. (　　)是做好会计工作、充分发挥会计职能作用的重要保证。

A. 设置会计工作机构　　　　　　　B. 单位经济效益

C. 配备会计工作人员　　　　　　　D. 制定和执行会计法规制度

5. 作为一种经济管理活动，会计的基本特点不包括(　　)。

A. 以合法凭证为核算依据　　　　　B. 以一套科学方法为工作手段

C. 具有全面性、连续性和系统性　　D. 以货币为主要计量单位

项目 1　答案

项目 2　把握会计目标、会计信息质量要求和会计方法

一、单项选择题

1. 企业提供的会计信息应当清晰明了，便于财务会计报告使用者理解和使用。这体现的是(　　)要求。

　　A. 相关性　　　　　　　　　　　　B. 可靠性

　　C. 及时性　　　　　　　　　　　　D. 可理解性

项目 2　答案

2. 企业提供的会计信息应有助于财务会计报告使用者对企业过去或现在的情况作出评价，对未来的情况作出预测，这体现了会计信息质量要求中的(　　)要求。

　　A. 可靠性　　　　　　　　　　　　B. 相关性

　　C. 可理解性　　　　　　　　　　　D. 可比性

3. (　　)是企业内部主要的会计信息使用者。

　　A. 企业管理者　　　　　　　　　　B. 企业职工

　　C. 债权人　　　　　　　　　　　　D. 政府部门

4. 确认办公用楼租金 60 万元，用银行存款支付 10 万元，另外 50 万元未付。按照权责发生制和收付实现制分别确认费用(　　)万元。

　　A. 10，60　　　　　　　　　　　　B. 60，0

　　C. 60，50　　　　　　　　　　　　D. 60，10

5. 下列各项中，属于境外设立的中国企业向国内报送财务会计报告应当采用的货币是(　　)。

　　A. 美元　　　　　　　　　　　　　B. 欧元

　　C. 人民币　　　　　　　　　　　　D. 所在国货币

6. 会计核算上所使用的一系列的会计处理方法和原则都是建立在(　　)前提的基础上。

　　A. 会计主体　　　　　　　　　　　B. 持续经营

　　C. 会计分期　　　　　　　　　　　D. 货币计量

7. 下列各项中，不属于会计核算方法的是(　　)。

　　A. 评价经营业绩

　　B. 设置会计科目和账户

　　C. 成本计算

　　D. 财产清查

8. 下列各项中，符合会计信息质量要求的是(　　)。

　　A. 故意提供虚假会计信息

　　B. 提前进行会计确认、计量和报告

　　C. 为误导会计信息使用者使其作出错误决策而对财务报告中提供的信息进行省略

　　D. 对与会计信息使用者决策相关的有用信息，都要充分披露

二、多项选择题

1. 下列各项会计处理方法中，体现谨慎性要求的有(   )。

A. 采用双倍余额递减法计提固定资产折旧

B. 将融资租入固定资产视作自有固定资产核算

C. 无形资产期末按照其账面价值与可收回金额孰低计价

D. 固定资产期末采用成本计价

2. 目前，我国事业单位会计可采用的会计基础有(   )。

A. 持续经营   B. 权责发生制

C. 货币计量   D. 收付实现制

3. 会计分期的意义有(   )。

A. 为企业选择会计处理原则和方法提供了基本前提

B. 产生了本期和非本期的区别

C. 为会计进行分期核算提供了前提

D. 为应收、应付、预收、预付、折旧、摊销等会计处理方法提供了前提

4. 下列各项中，属于会计职能的有(   )。

A. 预测经济前景   B. 参与经济决策

C. 评价经营业绩   D. 实施会计监督

5. 会计监督职能是指会计人员在进行会计核算的同时，对经济活动的(   )进行审查。

A. 真实性   B. 合法性

C. 合理性   D. 时效性

6. 下列关于会计监督的说法正确的有(   )。

A. 对特定主体的经济活动的真实性. 合法性和合理性进行审查

B. 主要通过价值指标来进行

C. 包括事中监督和事后监督，事前不需要进行监督

D. 会计监督是会计核算质量的保障

7. 下列关于会计目标的表述中，正确的有(   )。

A. 会计目标也称会计目的

B. 会计目标是要求会计工作完成的任务或达到的标准

C. 会计目标反映企业管理层受托责任履行情况

D. 会计目标是向财务会计报告使用者提供决策有关信息

8. 下列各项中，不属于会计核算职能内容的有(   )。

A. 进行会计确认   B. 编制财务预算

C. 进行会计计量   D. 评价经营业绩

9. 下列关于企业中会计基础的表述正确的有(   )。

A. 权责发生制在企业会计核算中发挥了统驭作用

B. 收付实现制是企业会计核算的主要依据

C. 在权责发生制下，凡不属于当期的费用，即使款项已在当期支付，也不作为当期

费用计入利润表

D. 在收付实现制下，凡属于当期的收入，即使在当期尚未收取，也作为当期收入计入利润表

10. 下列各项中，按照权责发生制的要求，属于本期收入或费用的有( )。

A. 本期实现的收入已收到货款

B. 本期实现的收入尚未收到货款

C. 本期预付的支出应由本期负担的部分

D. 属于本期的费用但尚未支付

11. 下列各项中，属于会计信息质量要求的有( )。

A. 货币计量   B. 实质重于形式

C. 重要性   D. 收付实现制

三、判断题

1. 企业会计准则基本准则的主要内容有财务会计报告的目标、会计基本假设、会计基础、会计信息质量要求、会计要素分类及其确认、计量原则，等等。( )

2. 谨慎性要求，凡是不属于当期的收入和费用，即使款项已在当期收付，也不应当作为当期的收入和费用。( )

3. 我国事业单位全部业务采用收付实现制核算。( )

4. 权责发生制主要是从空间上规定会计确认的基础。( )

5. 由于有了持续经营这个会计核算的基本假设，才产生了当期与其他期间的区别，从而出现了权责发生制与收付实现制的区别。( )

6. 乙企业是甲企业的全资子公司，乙企业购买原材料应纳入甲企业会计核算的范围。( )

7. 企业与投资人的经济交易或者事项是属于企业与所有者主体所发生的，不应纳入企业会计核算的范围。( )

8. 即使企业已经开始进行破产清算，也应以持续经营为会计基本假设进行会计确认、计量和报告。( )

项目3 划分会计要素，建立会计等式

一、单项选择题

1. 下列各项中不属于流动负债的是(　　)。
A. 应付账款
B. 应付票据
C. 应付职工薪酬
D. 应付债券

2. 下列选项在企业中不可以确认为收入的是(　　)。
A. 商品销售收入
B. 咨询服务收入
C. 罚款收入
D. 出租专利权收入

项目3　答案

3. 下列关于收入的说法错误的是(　　)。
A. 收入是指企业在日常活动中形成的，会导致所有者权益增加的，与所有者投入资本无关的经济利益的总流入
B. 收入表现为资产的增加或负债的减少
C. 收入必须在收到相关的货币时才可以确认
D. 符合定义和确认条件的收入应当计入利润表项目

4. 以下对"资产＝负债＋所有者权益"的描述中，不正确的是(　　)。
A. 表明会计主体在特定时点的财务状况
B. 反映了资金运动静态要素之间的内在联系
C. 资产、负债及所有者权益是构成资产负债表的三个基本要素
D. 资产和负债是构成资产负债表的最基本要素

5. 下列会引起资产与负债同时增加的业务有(　　)。
A. 接受投资人的投资
B. 以银行存款偿还应付的货款
C. 取得短期借款存入银行
D. 从银行提取现金

6. 复式记账法的基本理论依据是(　　)。
A. 收入－费用＝利润
B. 资产＝负债＋所有者权益
C. 期初余额＋本期增加数－本期减少数＝期末余额
D. 借方发生额合计＝贷方发生额合计

7. 反映动态的会计公式是(　　)。
A. 资产＝负债＋所有者权益
B. 收入－费用＝利润
C. 资产＝负债＋所有者权益＋(收入－费用)
D. 期末余额＝期初余额＋本期增加发生额－本期减少发生额

8. 我国目前采用的记账方法是(　　)。
A. 借贷记账法　　　　　　　　　　B. 增加记账法
C. 收付记账法　　　　　　　　　　D. 单式记账法

二、多项选择题

1. 下列会计科目中，属于资产要素的有(　　)。
A. 应收账款　　　　　　　　　　　B. 预付账款
C. 预收账款　　　　　　　　　　　D. 应收票据

2. 下列属于非流动负债账户的有(　　)。
A. 应付职工薪酬　　　　　　　　　B. 长期借款
C. 长期应付款　　　　　　　　　　D. 应付债券

3. 下列属于所有者权益的有(　　)。
A. 实收资本　　　　　　　　　　　B. 资本公积
C. 盈余公积　　　　　　　　　　　D. 未分配利润

4. 下列反映的是资产或者负债的现时成本或现时价值的计量属性有(　　)。
A. 重置成本　　　　　　　　　　　B. 可变现净值
C. 公允价值　　　　　　　　　　　D. 实际成本

5. 一项资产增加的业务，不可能引起其他要素变化的业务有(　　)。
A. 另一项资产的减少　　　　　　　B. 一项收入的减少
C. 一项负债的减少　　　　　　　　D. 一项负债的增加

6. 企业经济业务的发生，对"资产＝权益"等式的影响表述正确的有(　　)。
A. 资产与权益同时等额增加
B. 资产方等额有增有减，权益不变
C. 资产与权益同时等额减少
D. 权益方等额有增有减，资产不变

7. "资产＝负债＋所有者权益"，这一会计等式是(　　)。
A. 复式记账的理论基础
B. 设置账户的理论依据
C. 编制资产负债表的理论依据
D. 发生额试算平衡的理论依据

8. 下列属于会计计量属性的有(　　)。
A. 历史成本　　　　　　　　　　　B. 权责发生制
C. 可变现净值　　　　　　　　　　D. 公允价值

9. 反映资产的现时成本或者现时价值的计量属性有(　　)。
A. 重置成本　　　　　　　　　　　B. 可变现净值
C. 公允价值　　　　　　　　　　　D. 现值

10. 下列经济业务，会影响企业利润的项目有(　　)。
A. 接受捐赠　　　　　　　　　　　B. 销售商品取得收入

C. 取得短期借款　　　　　　　　　　　D. 出租固定资产取得收入

11. 下列各项中,对收入特征表述正确的有(　　)。

A. 收入是企业在日常活动中产生的

B. 收入会导致所有者权益增加,与所有者投入资本无关

C. 收入包括本企业经济利益的流入和代收的款项

D. 收入可能表现为资产的增加,也可能表现为负债的增加

12. 企业收入的取得可能影响下列会计要素的情况有(　　)。

A. 资产的增加　　　　　　　　　　　　B. 负债的减少

C. 费用的减少　　　　　　　　　　　　D. 所有者权益的增加

13. 下列各项中,不属于资产的有(　　)。

A. 长期闲置不用的机器设备

B. 以融资租入方式租入的固定资产

C. 签订购货合同,计划下月购入的固定资产

D. 以经营租入方式租入的固定资产

14. 下列各项中,资产特征表述正确的有(　　)。

A. 资产是由过去的交易或事项形成的

B. 资产是企业拥有或控制的资源

C. 资产是预期能给企业带来经济利益的经济资源

D. 资产必须是有形态的实物资产

三. 判断题

1. 我国《企业会计准则》将会计要素划分为资产、负债、所有者权益、成本和利润五大类。(　　)

2. 资产按流动性分为流动资产和固定资产两大类。(　　)

3. 所有者权益是投资人对企业全部资产的所有权。(　　)

4. 企业向所有者分配利润所导致的经济利益的流出应确认为费用。(　　)

5. 负债按照其因承担现时义务而实际收到的款项或者资产的金额,或者承担现时义务的合同金额,或者按照日常活动中为偿还负债预期需要支付的现金或者现金等价物的金额计量属性称为公允价值计量。(　　)

6. 在重置成本计量下,资产按照购置时支付的现金或者现金等价物的金额,或者按照购置资产时所付出的对价的公允价值计量。(　　)

7. 利润包括收入减去费用后的净额、直接计入当期损益的利得和损失等。(　　)

8. 费用可分为营业成本和期间费用。(　　)

9. 流动负债可以是一年内或超过一年的一个营业周期内偿还的债务。(　　)

10. 按照我国的《企业会计准则》,负债不仅指现时已经存在的债务责任,还包括某些将来可能发生的、偶然事项形成的债务责任。(　　)

项目4 开设会计账户，运用借贷记账法

一、单项选择题

1. 根据资产与权益的恒等关系以及借贷记账法的记账规则，检查所有会计科目记录是否正确的方法为(   )。

A. 借贷记账   B. 平行登记

C. 试算平衡   D. 对账

项目4 答案

2. 发生额试算平衡法是根据(   )确定的。

A. 借贷记账法的记账规则

B. 经济业务内容

C. 资产＝负债＋所有者权益

D. 经济业务类型

3. 借贷记账法下余额试算平衡的直接依据是(   )。

A. 资金运动规律

B. 财务状况等式

C. 账户结构

D. 有借必有贷，借贷必相等

4. 下列表述中，正确的是(   )。

A. 从某个企业看，其全部科目的借方余额合计与全部科目的贷方余额合计不一定相等

B. 从某个会计分录看，借方科目与贷方科目之间互为对应科目

C. 试算平衡的目的是验证企业的全部科目的借方发生额合计与借方余额合计是否相等

D. 不能编制多借多贷的会计分录

5. 企业购入原材料 10 000 元，已开出支票支付 6 000 元，另 4 000 元暂欠。下列会计分录正确的是(   )。

A. 借：原材料 10 000
       贷：银行存款 10 000

B. 借：原材料 10 000
       贷：应付账款 10 000

C. 借：原材料 10 000
       贷：银行存款 6 000
            应付账款 4 000

D. 借：原材料 10 000
       贷：应付票据 6 000
            应付账款 4 000

6. 在借贷记账法下，费用类会计科目(   )。

A. 借方登记费用的增加额

B. 贷方登记费用的增加额

C. 期末余额在借方

D. 期末余额在贷方

7. 下列属于损益类科目的是(　　)。

A. 长期待摊费用

B. 以前年度损益调整

C. 制造费用

D. 劳务成本

8. 下列不属于会计科目设置原则的是(　　)。

A. 合法性原则

B. 相关性原则

C. 实用性原则

D. 真实性原则

9. 下列各项表述正确的是(　　)。

A. 与会计科目的分类相对应，账户也分为总分类账户和明细分类账户

B. 明细分类科目是对会计要素的具体内容进行总括分类，提供总括信息的会计科目

C. 营业外支出不属于损益类账户

D. 账户是对会计要素的具体内容进行分类核算的项目

10. 下列说法正确的是(　　)。

A. 账户的期末余额等于期初余额

B. 余额一般与减少额在同一方向

C. 账户的左方记增加额，右方记减少额

D. 期初余额＋本期增加发生额＝本期期末余额＋本期减少发生额

11. 关于账户与会计科目的联系和区别，下列表述中不正确的是(　　)。

A. 没有会计科目，账户就缺少了设置的依据

B. 会计科目与账户两者口径一致，性质相同

C. 账户是会计科目的具体运用

D. 会计科目可以记录经济业务的增减变化及其结果

12. 下列关于账户和会计科目的表述中，错误的是(　　)。

A. 账户是会计科目的名称，会计科目是账户是具体应用

B. 两者之间的区别在于账户具有一定的格式和结构

C. 实际工作中，对账户和会计科目不加严格区别，而是互相通用

D. 账户能反映会计要素增减变化的情况及其结果，而会计科目不能

13. (　　)具有一定的格式和结构，用于分类反映会计要素增减变动情况及其结果的载体。

A. 账户   B. 会计科目

C. 账簿   D. 财务报表

14. 以下表述不正确的是(　　)。

A. 总分类科目提供会计要素总括信息的会计科目

B. 明细分类科目提供更详细和更具体会计信息的科目

C. 明细科目较多的总账科目，可在总账科目和明细科目之间设立二级科目或多级科目

D. 会计科目按所其所反映的经济内容不同分为资产类、负债类、所有者权益类、收入类、费用类和利润类六大类

15. "公允价值变动损益"科目按其所归属的会计要素不同，属于(　　)类科目。

A. 资产　　　　　　　　　　　　B. 负债

C. 所有者权益　　　　　　　　　D. 损益

16. "主营业务收入"科目按其所归属的会计要素不同，属于(　　)类科目。

A. 资产　　　　　　　　　　　　B. 所有者权益

C. 成本　　　　　　　　　　　　D. 损益

17. "待处理财产损溢"科目属于(　　)。

A. 资产类科目　　　　　　　　　B. 负债类科目

C. 所有者权益类科目　　　　　　D. 成本类科目

18. "应交税费"科目属于(　　)类会计科目。

A. 所有者权益　　　　　　　　　B. 负债

C. 成本　　　　　　　　　　　　D. 损益

19. 甲企业"应收账款"科目期初借方余额 40 000 元，本期收回应收的货款 15 000 元，该科目期末为借方余额 60 000 元，则企业本期必定还发生了(　　)。

A. 应收账款增加 20 000 元

B. 应收账款减少 20 000 元

C. 应收账款增加 35 000 元

D. 应收账款减少 35 000 元

二、多项选择题

1. 下列关于"生产成本"账户结构的描述错误的有(　　)。

A. 借方登记减少额

B. 贷方登记增加额

C. 期末余额一般在贷方

D. 可能没有期末余额

2. 下列各项中，与"无形资产"账户具有相同账户结构的有(　　)。

A. 累计摊销　　　　　　　　　　B. 固定资产

C. 累计折旧　　　　　　　　　　D. 应收票据

3. 编制会计分录时，可以编制的会计分录有(　　)。

A. 多借多贷的分录　　　　　　　B. 一借一贷的分录

C. 多借一贷的分录　　　　　　　D. 一借多贷的分录

4. 下列选项中，不会影响试算平衡的有(　　)。

A. 重记某项经济业务

B. 漏记某项经济业务

C. 漏记借方科目

D. 借方和贷方都少记相同金额

5. 下列选项中，会导致试算不平衡的因素是(　　　)。

A. 登错了借方金额或贷方金额

B. 颠倒记账方向

C. 借贷科目用错

D. 贷方多记金额

6. 下列属于资产类会计科目的有(　　　)。

A. 应收账款　　　　　　　　　　　　B. 在途物资

C. 预收账款　　　　　　　　　　　　D. 预付账款

7. 下列属于成本类科目的有(　　　)。

A. 生产成本　　　　　　　　　　　　B. 主营业务成本

C. 制造费用　　　　　　　　　　　　D. 销售费用

8. 下列属于负债类科目的有(　　　)。

A. 短期借款　　　　　　　　　　　　B. 预计负债

C. 应付职工薪酬　　　　　　　　　　D. 应交税费

9. 在借贷记账法下，成本费用类账户的结构表现为(　　　)。

A. 借方记增加　　　　　　　　　　　B. 贷方记减少

C. 贷方记增加　　　　　　　　　　　D. 期末结转后无余额

10. 下列有关复式记账法的表述中，正确的有(　　　)。

A. 复式记账法一般应在两个或两个以上会计科目中登记，但有时也在一个会计科目中登记

B. 复式记账法能如实反映资金运动的来龙去脉

C. 复式记账法便于检查会计科目的记录是否正确

D. 我国所有企事业单位都必须统一采用复式记账法中的借贷记账法进行会计核算

11. 下列会计科目中，期末一般将余额全部转出的有(　　　)。

A. 管理费用　　　　　　　　　　　　B. 实收资本

C. 生产成本　　　　　　　　　　　　D. 主营业务收入

12. 关于复式记账的表述中，正确的有(　　　)。

A. 对于发生的每一项经济业务，都要在两个或两个以上相互联系的账户中同时登记

B. 会计基本等式是复式记账的理论依据

C. 能通过会计要素的增减变动，全面、系统地反映经济活动的过程和结果

D. 各种复式记账方法的根本区别在于记账符号不同

13. 会计分录的基本要素包括(　　　)。

A. 记账符号　　　　　　　　　　　　B. 记账时间

C. 记账金额　　　　　　　　　　　　D. 科目名称

三、判断题

1. 会计科目和账户一样都是可以反映交易或事项的发生所引起的会计要素各项目的

增减变动情况和结果。(　　　)

2. 账户的本期发生额说明特定资金项目在某一会计期间增加或减少变动的状况,提供该资金项目变化的动态信息。因此,账户的本期发生额属于"静态"经济指标范畴。(　　　)

3. 本期发生额是一个期间指标,它说明某类经济内容的增减变动情况。(　　　)

4. 设置会计科目的相关性原则是指所设置的会计科目应当符合国家统一的会计制度的规定。(　　　)

5. 明细分类科目是对总分类科目进一步分类、提供更详细、更具体的会计信息的科目。(　　　)

6. 根据借贷记账法的记账规则,发生经济交易或事项时,应该按照相同的金额,一方面记入一个会计项目的借方,另一方面同时记入对应会计科目的贷方,借方金额与贷方金额必须相等。(　　　)

7. "预付账款"账户和"应付账款"账户在结构上是相同的。(　　　)

8. 在借贷记账法下,资产类账户的借方登记资产的增加额,贷方登记资产的减少额,期初及期末余额一般在借方。(　　　)

9. "应收账款"账户的期末余额=期初余额+本期贷方发生额-本期借方发生额。(　　　)

10. 收入类科目的结构与所有者权益类科目的结构相反。(　　　)

四、计算分析题

资料:某企业 2017 年 12 月有关账户的资料如表 2-1 所示:

表 2-1　　　　　　　　　　　　　　　　　　　　　　　　　　　单位:元

账户 名称	期初 余额	本期增加 发生额	本期减少 发生额	期末 余额
银行存款	(　　　)	400 000	300 000	220 000
短期借款	50 000	(　　　)	60 000	35 000
固定资产	250 000	80 000	(　　　)	310 000
应付账款	(　　　)	45 000	41 000	5 000
累计折旧	7 000	21 000	0	(　　　)
实收资本	(　　　)	150 000	0	462 000

要求:根据以上资料计算每个账户的未知数额并填入表中。

五、账务处理题

资料:恒信公司 2018 年 6 月发生经济业务如下:

1. 职工张明出公差,预借差旅费 1 000 元,出纳员以现金支付(其他应收款　库存现金)。

2. 购入材料一批,金额 5 000 元,材料已验收入库,货款尚未支付(原材料　应付账款)。

3. 出纳员,向银行提取现金 300 000 元,准备发放工资(银行存款　库存现金)。

4. 以现金发放本月工资 300 000 元(库存现金 应付职工薪酬)。

5. 购买设备一台，买价 80 000 元，款项已通过银行存款支付(固定资产 银行存款)。

6. 向银行申请三个月临时借款 200 000 元，借款已划入企业银行存款账户(短期借款 银行存款)。

7. 收到某公司的投资款 300 000 元，存入银行(实收资本 银行存款)。

要求：根据以上经济业务与科目提示为恒信公司编制会计分录。

项目5　核算企业主要经营过程的经济业务和成本计算

一、单项选择题

1. 甲公司 2013 年年初利润分配——未分配利润科目的余额在借方，金额为 50 万元(亏损弥补已经超过五年)，2013 年实现净利润 200 万元，提取盈余公积 20 万元，分配利润 50 万元，则 2013 年末未分配利润的数额为(　　) 万元。

A. 130
B. 150
C. 80
D. 180

2. "利润分配"账户的年末贷方余额表示(　　)。

A. 累计尚未分配的利润
B. 本期发生的净亏损
C. 本期实现的净利润
D. 累计尚未弥补的亏损

3. 按照《公司法》的有关规定，公司应当按照当年净利润(抵减年初累计亏损后)后的(　　)提取法定盈余公积。

A. 10%
B. 15%
C. 5%
D. 7%

4. 与计算营业利润无关的因素是(　　)。

A. 所得税费用
B. 销售费用
C. 管理费用
D. 财务费用

5. 下列各项中，(　　)不应计入营业成本。

A. 商品销售成本
B. 原材料销售成本
C. 出租包装物的成本
D. 计提应收账款坏账准备

6. 下列各项中，不通过管理费用核算的是(　　)。

A. 筹建期间内发生的开办费
B. 行政管理部门差旅费
C. 销售商品广告费
D. 印花税

7. 2014 年 1 月，甲公司将自行研发完成的非专利技术出租给另外一家公司，该非专利技术成本为 120 000 元，双方约定的租赁期限为 10 年。下列说法错误的是(　　)。

A. 甲公司每月应摊销的金额是 1 000 元
B. 每月摊销额应计入"主营业务成本"的借方
C. 每月摊销额应计入"其他业务成本"的借方
D. 每月摊销额应计入"累计摊销"的贷方

8. 已售产品成本的结转，应从(　　)科目转入主营业务成本科目。

A. 制造费用
B. 生产成本
C. 在途物资
D. 库存商品

项目 5　答案

9. 某企业 2013 年 12 月份增加银行存款 80 000 元。其中：出售商品收入 30 000 元；增值税 3 900 元；出售固定资产收入 20 000 元；接受捐赠收入 10 000 元；出租固定资产收入 14 900 元。则该月收入为( )元。

A. 35 100　　　　　　　　　　B. 64 900

C. 50 000　　　　　　　　　　D. 44 900

10. 结算本月应付职工薪酬，按用途归集如下：A 产品生产工人工资 5 000 元；B 产品生产工人工资 4 000 元。本月共发生制造费用金额 2 700 元，根据生产工人工资比例分配并结转本月制造费用，以下说法不正确的是( )。

A. A 产品分配制造费用 1 500 元

B. B 产品分配制造费用 1 200 元

C. B 产品分配制造费用比例为 1.6%

D. 应贷记制造费用 2 700 元

11. 企业生产完工验收入库的产成品，应于月末确定其实际生产成本，从( )账户结转到"库存商品"账户。

A. "制造费用"　　　　　　　　B. "生产成本"

C. "主营业务成本"　　　　　　D. "本年利润"

12. 期末结转已销售产品成本时，应借记( )账户。

A. "管理费用"　　　　　　　　B. "库存商品"

C. "主营业务成本"　　　　　　D. "营业外支出"

13. 不影响本期营业利润的项目是( )。

A. 主营业务成本　　　　　　　B. 主营业务收入

C. 财务费用　　　　　　　　　D. 所得税费用

14. 月末计算出应交纳的所得税时，应借记( )账户。

A. "税金及附加"　　　　　　　B. "所得税费用"

C. "应交税费"　　　　　　　　D. "管理费用"

15. 月末损益类账户转入( )账户后，余额为零。

A. "利润分配"　　　　　　　　B. "本年利润"

C. "应付利润"　　　　　　　　D. "所得税费用"

16. 下列不应计入当期损益的是( )。

A. 制造费用　　　　　　　　　B. 销售费用

C. 财务费用　　　　　　　　　D. 管理费用

17. 固定资产折旧应作为折旧费用记入产品成本或期间费用，是遵循了( )原则。

A. 历史成本　　　　　　　　　B. 权责发生制

C. 实质重于形式　　　　　　　D. 收入与费用配比

18. 下列项目中，属于营业外收入的是( )。

A. 销售产品的收入　　　　　　B. 罚款收入

C. 对外提供劳务的收入　　　　D. 投资收益

19. 下列项目中，属于营业外支出的是( )。

A. 无法收回的应收账款　　　　B. 支付的广告费

C. 固定资产盘亏和毁损　　　　　　　　D. 支付的办公费

20. 企业收到投资者投入设备一台，原价 60 000 元，投资合同约定的公允价值 50 000 元，则实收资本账户贷方登记的金额为(　　)元。

A. 60 000　　　　　　　　　　　　　　B. 50 000

C. 10 000　　　　　　　　　　　　　　D. 70 000

21. 下列选项中，不属于企业资金筹集来源的是(　　)。

A. 投资人投入的固定资产

B. 投资人投资的增值

C. 结算形成的负债资金

D. 采购商品支付的价款

22. 下列对长期借款利息费用的会计处理，正确的是(　　)。

A. 筹建期间的借款利息支出计入财务费用

B. 筹建期间的借款利息支出计入长期待摊费用

C. 生产经营活动的借款利息支出计入相关资产成本

D. 符合资本化条件的借款利息支出计入相关资产成本

23. 企业计提固定资产折旧的会计分录表述不正确的是(　　)。

A. 计提销售部门固定资产折旧：

　借：销售费用

　　　贷：累计折旧

B. 计提工程用的固定资产折旧：

　借：在建工程

　　　贷：累计折旧

C. 计提行政管理部门固定资产折旧：

　借：管理费用

　　　贷：累计折旧

D. 计提生产车间固定资产折旧：

　借：生产成本

　　　贷：累计折旧

24. 企业在结转出租固定资产成本时，应贷记的账户是(　　)。

A. 固定资产　　　　　　　　　　　　　B. 累计折旧

C. 其他业务成本　　　　　　　　　　　D. 累计摊销

25. 下列选项中，不应计入材料采购成本的费用是(　　)。

A. 材料买价　　　　　　　　　　　　　B. 运杂费

C. 运输中保险费　　　　　　　　　　　D. 采购员差旅费

26. 下列选项表述错误的是(　　)。

A. "应交税费"账户核算企业计算应交纳的税费

B. "应交税费"账户借方登记实际缴纳的税费

C. "应交税费"账户贷方登记各种应交未交税费的增加额

D. 企业代扣代交的个人所得税等，不通过"应交税费"账户

27. 下列不应计入产品成本的费用是( )。

A. 产品生产时领用的材料费

B. 产品生产时所发生的燃料和动力费

C. 车间生产人员工资及车间管理人员工资

D. 车间设备的日常修理费用

28. 下列各项表述正确的是( )。

A. 车间管理人员福利费应记入"管理费用"科目

B. 由工程负担的职工薪酬，计提时记入"固定资产"账户

C. 职工薪酬是指管理部门为获得职工提供劳务而给予各种形式的报酬以及其他相关支出

D. 为创造生产条件需要，车间间接消耗的各种材料费，应借记"制造费用"科目，贷记"原材料"科目

29. 下列表述错误的选项是( )。

A. 制造费用是指企业为生产产品和提供劳务的各项间接费用

B. 企业发生的制造费用，应当按照合理的分配标准按月分配计入各成本核算对象的生产成本

C. 结转或分摊制造费用时，借记"制造费用"等科目，贷记"生产成本"科目

D. 如果月末某种产品全部完工，该种产品生产成本明细账所归集的费用总额就是该种完工产品的总成本

30. 下列选项中属于期间费用的是( )。

A. 制造费用   B. 劳务成本

C. 主营业务成本   D. 财务费用

31. 某企业本月主营业务收入为 1 000 000 元，其他业务收入为 80 000 元，营业外收入为 90 000 元，主营业务成本为 760 000 元，其他业务成本为 50 000 元，税金及附加为 30 000 元，营业外支出为 75 000 元，管理费用为 40 000 元，销售费用为 30 000 元，财务费用为 15 000 元，所得税费用为 75 000 元，制造费用 1 000 元。则该企业本月营业利润为( )元。

A. 170 000   B. 155 000

C. 25 000   D. 80 000

二、多项选择题

1. 在下列各项费用中，商品产品销售过程发生的费用的是( )。

A. 办公费   B. 展览费

C. 广告费   D. 产品运输费

2. 下列所有者权益类科目中，能够反映投资者投入资本的科目有( )。

A. 实收资本   B. 股本

C. 资本公积   D. 盈余公积

3. 购进材料一批，用银行存款支付材料价款、增值税进项税款，材料已运至企业，并

已验收入库。这项业务涉及的账户有(　　)。

A. "银行存款"账户　　　　　　　B. "在途物资"账户

C. "应交税费"账户　　　　　　　D. "原材料"账户

4. 按工资总额提取职工福利费,会计分录的借方账户可能是(　　)。

A. "管理费用"账户　　　　　　　B. "生产成本"账户

C. "制造费用"账户　　　　　　　D. "营业外支出"账户

5. 下列经济业务,属于资产和权益同时减少的有(　　)。

A. 用存款归还银行借款　　　　　B. 上缴税款

C. 发放工资　　　　　　　　　　D. 用存款归还应付账款

6. "税金及附加"账户用于核算企业经营活动发生的(　　)等相关税费。

A. 增值税　　　　　　　　　　　B. 教育费附加

C. 城市维护建设税　　　　　　　D. 消费税

7. "应付职工薪酬"账户用于核算应付给职工的(　　)等。

A. 工资　　　　　　　　　　　　B. 福利费

C. 住房公积金　　　　　　　　　D. 职工教育经费

8. 企业的利润总额是由(　　)构成。

A. 营业利润　　　　　　　　　　B. 投资净收益

C. 期间费用　　　　　　　　　　D. 营业外收支净额

9. 财务成果核算的主要业务包括(　　)。

A. 利润形成　　　　　　　　　　B. 利润分配

C. 发放工资　　　　　　　　　　D. 利润清算

10. 下列各项中,属于其他业务收入的是(　　)。

A. 固定资产盘盈收入　　　　　　B. 包装物出租收入

C. 销售材料收入　　　　　　　　D. 出售产品收入

11. 月末,将当月归集的制造费用按照一定的分配标准分配计入各产品成本中,常用的分配标准有(　　)

A. 生产工人工资　　　　　　　　B. 生产工人工时

C. 机器工时　　　　　　　　　　D. 其他合适的分配标准

12. 对一批购入两种以上的材料所发生的共同性采购费用,常用的分配标准有材料的(　　)。

A. 重量　　　　　　　　　　　　B. 体积

C. 价值　　　　　　　　　　　　D. 其他合适的分配标准

13. 交纳税金的会计分录可能是(　　)。

A. 借记"生产成本"账户

B. 借记"制造费用"账户

C. 借记"应交税费"账户

D. 贷记"银行存款"账户

14. 按月预提短期借款利息的会计分录是(　　)。

A. 借记"应付利息"账户

B. 借记"管理费用"账户

C. 借记"财务费用"账户

D. 贷记"应付利息"账户

15. 对购建固定资产而专门借入的款项，所发生的利息可以记入(　　)。

A. 在建工程　　　　　　　　　　B. 财务费用

C. 销售费用　　　　　　　　　　D. 制造费用

16. 进行负债筹资通常设置的会计科目有(　　)。

A. 短期借款　　　　　　　　　　B. 长期借款

C. 应付利息　　　　　　　　　　D. 财务费用

17. 下列各项中，通过"其他货币资金"账户核算的有(　　)。

A. 银行汇票和银行本票存款

B. 信用证保证金存款

C. 商业汇票

D. 外埠存款和存出投资款

18. 以下对"本年利润"科目的描述中，正确的有(　　)。

A. 年终，将"本年利润"科目余额转入"利润分配"科目

B. 企业当期实现的净利润应通过"本年利润"科目核算

C. 本年利润账户的贷方余额为当期实现的净利润

D. 本年利润账户的借方余额为当期实现的净亏损

三、判断题

1. 为购建固定资产而借入的长期借款的利息支出应全部计入固定资产的成本。(　　)

2. 资本公积只有在所有者投入企业的资金超过注册资本份额时才会发生。(　　)

3. 企业的固定资产是为了生产商品、提供劳务、出租或经营管理和直接用于出售而持有的。(　　)

4. 商品所有权上的主要风险和报酬是指商品可能发生减值或毁损等形成的损失。(　　)

5. 企业预收账款情况不多时，可以不设置"预收账款"账户，将预收的款项直接计入"应收账款"账户借方核算。(　　)

6. 会计期末，将"所得税费用"账户结转"本年利润"账户后，该账户无余额。(　　)

7. 年末结账后，"利润分配"账户的各个明细账户均无余额。(　　)

8. 公司材料采购的买价和费用，在期末应全部转入"本年利润"账户借方。(　　)

9. 车间领用一般性消耗的材料，在会计处理上应属于增加管理费用。(　　)

10. 凡是由本期产品成本负担的费用，应按实际支付数全部计入本期成本。(　　)

11. 成本是以产品为对象进行归集的资金耗费。(　　)

12. "应交税费"账户核算的内容包括教育费附加。(　　)

13. 企业在销售过程中取得的销售成果是企业最终的财务成果。(　　)

14. 应纳税所得额一定等于利润总额。(　　)

15. "短期借款"账户用于核算企业向银行或其他金融机构等借入的期限在 1 年以下(不

含 1 年)的各种借款。( )

16. 财务成果是企业生产经营活动的最终成果，即利润或亏损。( )

四、账务处理题

(一) 资料：荣成公司 2018 年 8 月发生如下经济业务：

1. 从长江公司购入 A 材料 12 000 千克，每千克 30 元；B 材料 8 800 千克，每千克 16 元；A、B 材料价款共 500 800 元，支付运杂费 4 992 元，增值税进项税额 65 104 元。材料已验收入库，货款、运杂费及税金已用银行存款支付。运杂费按材料重量比例分摊。

2. 从金缘公司购入 C 材料 4 800 千克，每千克 40 元，发生运杂费 2 400 元，增值税进项税额 24 960 元。款项采用商业汇票结算，企业开出并承兑半年期商业承兑汇票一张，材料尚在途中。3 天后，C 材料运到并验收入库。

3. 以银行存款向新生公司预付购买 B 材料货款 196 000 元。

4. 企业收到新生公司发运的 B 材料，并验收入库。该批材料的买价 170 000 元，运杂费 1 200 元，增值税进项税额 22 100 元，除冲销原预付货款 196 000 元外，不足部分用银行存款补付。

要求：根据上述经济业务编制会计分录。

(二) 资料：中杭公司 2018 年 7 月份发生下列销售业务：

1. 向佰清公司出售 A 产品 500 件，每件售价 60 元，增值税税率 13%，货款已收到，存入银行。

2. 向万众公司出售 B 产品 300 件，每件售价 150 元，增值税税率 13%，货款尚未收到。

3. 按出售的两种产品的实际销售成本转账(A 产品每件 45 元，B 产品每件 115 元)。

4. 以银行存款支付上述 A、B 两种产品在销售过程中的运输费 800 元，包装费 200 元。

5. 结算本月份销售机构职工工资 20 000 元，并按工资总额的 2%计提工会经费。

6. 按规定计算和登记 B 产品应缴纳的消费税(按销售价计算的消费税税率为 10%)。

7. 向丙工厂出售材料物资 100 千克，每千克售价 12 元，货款 1 356 元(含税)已收到，存入银行。

8. 按出售的材料物资实际销售成本转账(每千克 10 元)。

要求：根据上述各项经济业务编制会计分录。

(三) 资料：国信公司 2017 年 12 月份发生下列经济业务：

1. 收到购货方的滞纳金 24 000 元存入银行，经批准转为营业外收入。

2. 用银行存款支付希望工程捐款 30 000 元，经批准转为营业外支出。

3. 向黄河公司销售 A 产品 400 件，每件售价 1 500 元，共计 600 000 元，应向东方公司收取的增值税销项税额 78 000 元，价款及税款通过银行转账已收讫。

4. 根据合同规定向北桓公司销售 B 产品 600 件，每件 800 元，共计 480 000 元，以银行存款代垫运费 3 000 元，应收取的增值税销项税额 62 400 元。价税款及代垫运费均未收回。

5. 用现金支付退休管理人员退休金 3 080 元。

6. 用银行存款支付罚款 1 400 元，经批准转为营业外支出。

7. 预提应由本月负担的短期借款利息 1 000 元。

8. 用银行存款支付广告费 2 400 元。

9. 月末，将"主营业务收入"和"营业外收入"账户的贷方余额转入"本年利润"账户。

10. 月末，结转本月已销售产品的生产成本，其中：A 产品单位生产成本 1 000 元，B 产品单位生产成本 550 元。

11. 月末，按照规定计算出本月应负担的城市维护建设税，共计 2 700 元。

12. 月末，按本月利润总额的 25% 计算本月应交所得税。

13. 月末，将"主营业务成本""税金及附加""销售费用""管理费用""财务费用""营业外支出""所得税费用"等账户本月借方余额转入"本年利润"账户。

14. 月末，按净利润的 10% 计提法定盈余公积金。

15. 年末，企业决定向投资者分配利润 300 000 元。

16. 年末，根据"本年利润"账户 11 月 30 日贷方余额 750 000 元和 12 月份净利润计算全年实现的净利润，并将其转入"利润分配"账户。

要求：根据上述经济业务编制会计分录。

(四) 资料：甲公司 2018 年发生以下主要经济业务：

1. 1 月 3 日，接受 A 公司投入人民币 50 000 元，存入银行。

2. 1 月 23 日，接受 B 公司投入新设备 2 台，双方确认价 80 000 元。

3. 2 月 5 日，接受 C 公司投入一项非专利技术，双方确认价 20 000 元。

4. 3 月 9 日，购入机器 1 台，价值 60 000 元，进项税额 7 800 元，发生运费. 保险费. 包装费等 5 000 元，均以银行存款支付。

5. 6 月 3 日，向银行借入半年期借款 50 000 元，存入银行。

6. 11 月 21 日，以银行存款归还 5 月 21 日借入的半年期借款。

7. 12 月 29 日，预收甲公司货款 90 000 元，存入银行。

要求：根据上述经济业务，编制会计分录。

项目6　填制和审核会计凭证

一、单项选择题

1. 公司购进材料，取得增值税专用发票，货款以支票支付，材料已验收入库。经济业务不涉及的原始凭证是(　　　)。

A. 入库单　　　　　　　　　　　B. 增值税专用发票

C. 支票存根　　　　　　　　　　D. 材料申购单

2. 原始凭证有错误的，正确的处理方法是(　　　)。

A. 向单位负责人报告　　　　　　B. 退回，不予接受

C. 由出具单位重开或更正　　　　D. 本单位代为更正

3. 公司购买材料已验收入库，通过银行支付一部分货款，另外部分货款尚未支付，会计人员应填制的凭证是(　　　)。

A. 收款凭证　　　　　　　　　　B. 付款凭证

C. 转账凭证　　　　　　　　　　D. 付款凭证和转账凭证

4. 下列关于会计凭证的表述正确的是(　　　)。

A. 记账凭证是记录经济业发生或完成情况的书面证明，也是登记账簿的依据

B. 自制原始凭证是从本单位取得的，由本单位会计人员填制

C. 复式凭证是将经济业务事项所涉及的全部会计科目及其发生额均在同一张记账凭证中反映的一种凭证

D. 企业与外单位发生的任何经济业务中，取得的各种书面证明都是原始凭证

5. 原始凭证是由(　　　)取得或填制的。

A. 会计主管　　　　　　　　　　B. 业务经办单位或个人

C. 单位负责人　　　　　　　　　D. 出纳人员

6. 企业从银行提取现金，一般应填制的记账凭证是(　　　)。

A. 转账凭证

B. 现金收款凭证

C. 银行存款付款凭证

D. 分别填制银行存款付款凭证和现金收款凭证

7. 下列凭证中不能证明经济业务发生并据以编制记账凭证的是(　　　)。

A. 供货单位开具的发票　　　　　B. 收款单位开具的收据

C. 材料入库单　　　　　　　　　D. 已签字生效的购销合同

8. 将会计凭证分为原始凭证和记账凭证的依据是(　　　)。

A. 反映的经济内容不同　　　　　B. 填制的程序和用途不同

C. 填制的方法不同　　　　　　　D. 凭证的格式不同

9. 在记账凭证中，最主要的内容是(　　　)。

A. 经济业务的内容摘要　　　　　　　B. 会计科目名称、借贷方向和金额

C. 过账备注　　　　　　　　　　　　D. 有关人员签字

10. 在实际工作中，规模小、业务简单的单位，可以使用一种格式统一的(　　)。

A. 收款凭证　　　　　　　　　　　　B. 付款凭证

C. 转账凭证　　　　　　　　　　　　D. 通用记账凭证

11. 企业购进材料一批，款未付。该笔业务应编制的记账凭证是(　　)。

A. 收款凭证　　　　　　　　　　　　B. 付款凭证

C. 转账凭证　　　　　　　　　　　　D. 以上均可

12. 下列不属于原始凭证的是(　　)。

A. 销货发票　　　　　　　　　　　　B. 差旅费报销单

C. 现金收据　　　　　　　　　　　　D. 银行存款余额调节表

13. 企业销售产品一批，部分货款收存银行，部分货款对方暂欠。该笔业务应编制的记账凭证是(　　)。

A. 收款凭证和付款凭证　　　　　　　B. 付款凭证和转账凭证

C. 收款凭证和转账凭证　　　　　　　D. 两张转账凭证

14. 下列经济业务，应填制现金收款凭证的是(　　)。

A. 从银行提取现金

B. 以现金发放职工工资

C. 出售报废的固定资产收到现金

D. 销售积压材料收到一张转账支票

15. 记账凭证是由(　　)填制的。

A. 会计人员　　　　　　　　　　　　B. 业务经办单位或个人

C. 单位负责人　　　　　　　　　　　D. 出纳人员

16. 会计凭证是(　　)的依据。

A. 编制会计报表　　　　　　　　　　B. 编制会计分录

C. 登记账簿　　　　　　　　　　　　D. 编制汇总表

17. 企业销售商品时，取得收入 1005.36 元，在发票上汉字大写金额的正确写法是(　　)。

A. 壹仟零伍元叁角陆分　　　　　　　B. 壹仟另伍元叁角陆分

C. 壹仟零零伍元叁角陆分整　　　　　D. 壹仟零伍元叁角陆分整

18. 填制原始凭证时，如大写为"壹仟零壹元壹角整"，其小写应为(　　)。

A. 1001.10 元　　　　　　　　　　　B. ¥1001.10

C. ¥1001.10 元　　　　　　　　　　D. ¥1001.1

19. 会计人员在审核原始凭证过程中，对于手续不完备的原始凭证，按规定应(　　)。

A. 扣留原始凭证　　　　　　　　　　B. 向单位负责人报告

C. 退回有关部门或人员补办手续　　　D. 向主管单位反映

20. 会计凭证的传递是指(　　)。

A. 从取得原始凭证到编制记账凭证过程中的传递

B. 从取得或填制记账凭证到归档保管过程中的传递

C. 从填制记账凭证到编制会计报表过程中的传递

D. 从取得或填制记账凭证到到登记账簿过程中的传递

二、多项选择题

1. 在制定会计凭证传递程序和方法时，应当注意考虑(　　)。

A. 科学合理的传递程序

B. 会计凭证在每个传递环节上停留的时间

C. 会计凭证交接的签收制度

D. 会计凭证的整理、归类和装订成册

2. 在借贷记账法下，付款凭证的贷方科目可以为(　　)。

A. 应付账款　　　　　　　　　　B. 银行存款

C. 库存现金　　　　　　　　　　D. 预付账款

3. 记账凭证的填制必须做到记录真实、内容完整、填制及时、书写清楚外，还必须符合(　　)要求。

A. 如有空行，应当自金额栏最后一笔金额数字下的空行处至合计数上的空行处划线注销

B. 发生错误应该按规定的方法更正

C. 必须连续编号

D. 除结账和更正错误的记账凭证可以不附原始凭证外，其他的记账凭证必须附有原始凭证

4. 关于原始凭证的审核，下列表述正确的有(　　)。

A. 外来原始凭证必须有填制单位公章和填制人员的签章

B. 自制原始凭证必须有经办部门和经办人员的签名或者盖章

C. 审核原始凭证所记录的经济业务是否符合企业生产经营活动的需要，是否符合有关计划. 预算和合同等规定

D. 对于不真实、不合法的原始凭证，会计机构和会计人员有权不予接受，并向单位负责人报告

5. 下列属于记账凭证审核内容的有(　　)。

A. 业务是否合法

B. 记账凭证的金额与所附原始凭证的金额是否一致

C. 业务是否符合有关计划、预算和合同等规定

D. 会计科目、借贷方向使用是否正确

6. 下列选项中，属于原始凭证必须具备而记账凭证不具备的有(　　)。

A. 填制原始凭证单位名称或者填制人姓名

B. 所附原始凭证张数

C. 接受凭证单位名称

D. 数量、单价和金额

7. 原始凭证的基本内容中包括(　　)。

A. 原始凭证名称

B. 接受原始凭证的单位名称

C. 经济业务的性质

D. 经济业务内容

8. 下列关于收料单的说法中, 正确的有( )。

A. 收料单是企业购进材料验收入库时, 由仓库保管人员根据购入材料的实际验收情况, 填制的一次性原始凭证

B. 企业外购材料, 都应履行入库手续, 由仓库保管人员根据供应单位开来的发票账单, 严格审核, 对运达入库的材料认真计量, 并按实收数量认真填制"收料单"

C. 收料单一般一式两联

D. 收料单的一联要留仓库, 据以登记材料物资明细账和材料卡片

9. 下列关于会计凭证的表述正确的有( )。

A. 原始凭证按填制手续和内容不同, 分为通用凭证和专用凭证

B. 原始凭证按填制格式不同, 分为一次凭证、累计凭证和汇总凭证

C. 记账凭证按填列方式可分为单式记账凭证和复式记账凭证

D. 记账凭证按其所反映的经济业务内容不同分为收款凭证、付款凭证和转账凭证

10. 下面属于一次凭证的有( )。

A. 收料单   B. 领料单

C. 限额领料单   D. 发料凭证汇总表

三、判断题

1. 原始凭证是由会计部门填制的, 是登记账簿的直接依据。( )

2. 记账凭证的"过账"栏内用"√"表示已审核完毕。( )

3. 现金收款凭证和现金付款凭证不仅是记账的依据, 而且也是出纳员办理现金收款、付款业务的根据。( )

4. 记账凭证和原始凭证都具有法律效力。( )

5. 累计凭证一般为自制原始凭证。( )

6. 按填制的手续不同, 可将原始凭证分为自制原始凭证和外来原始凭证。( )

7. 一些事先印制好编号的重要凭证作废时, 应在作废的凭证上加盖"作废"戳记, 连同存根一起保存, 不得随意撕毁。( )

8. 记账之前, 发现记账凭证发生错误, 应用专门的错账更正法予以更正。( )

9. 收款凭证和付款凭证是单式记账凭证, 转账凭证是复式记账凭证。( )

10. 所有记账凭证都必须附有原始凭证, 并注明张数。( )

项目 7　设置和登记会计账簿

一、单项选择题

1. 下列关于划线更正法的表述中，错误的是(　　)。

A. 在结账前发现账簿记录有文字或数字错误，而记账凭证没有错误，可以采用划线更正法

B. 划线更正法又称红线更正法

C. 对于错误的数字，可更正其中的错误数字

D. 对于文字错误，可只划去错误的部分

2. 某会计人员在审核记账凭证时，发现误将 8 000 元写成 800 元，尚未入账，一般应采用(　　)改正。

A. 重新编制记账凭证　　　　　　　B. 红字更正法

C. 补充登记法　　　　　　　　　　D. 冲账法

3. 对于邻数颠倒的情况，适用的错账查找方法是(　　)。

A. 差数法　　　　　　　　　　　　B. 尾数法

C. 除 9 法　　　　　　　　　　　　D. 除 2 法

4. 账账核对不包括(　　)。

A. 总分类账簿之间的核对

B. 总分类账簿与所属明细分类账簿之间的核对

C. 总分类账簿与备查账簿之间的核对

D. 总分类账簿与序时账簿之间的核对

5. 下列关于对账的表述，不正确的是(　　)。

A. 对账工作一般在月末进行，即在记账之后结账之前进行

B. 对账的内容包括账证核对、账账核对、账实核对、证表核对

C. 账证核对是指账簿记录与原始凭证、记账凭证的核对

D. 账实核对是指各项财产物资、债权债务等账面余额与实有数额之间的核对

6. 下列情况不可以用红色墨水记账的是(　　)。

A. 冲销错误记录

B. 在不设借贷等栏的多栏式账页中，登记减少数

C. 在三栏式账户的余额栏前，印明余额方向的，在余额栏内登记负数余额

D. 在三栏式账户的余额栏前，未印明余额方向的，在余额栏内登记负数余额

7. 下列总分类账与明细分类账关系的表述中，不正确的是(　　)。

A. 总分类账与明细分类账所反映的经济业务是相同的

B. 总分类账与明细分类账所反映的经济业务的详细程度是相同的

C. 登记总分类账与登记明细分类账的原始依据是相同的

D. 总分类账对所属明细分类账起着统驭控制作用，明细分类账对有关总分类账起着补充说明作用

8. 关于现金日记账格式的表述，错误的是(　　)。

A. 现金日记账的格式有三栏式和多栏式两种

B. 多栏式现金日记账，都可以使用活页账

C. 三栏式现金日记账的账页格式一般采用"收入""支出"和"结余"三栏式

D. 多栏式现金日记账是在三栏式现金日记账的基础上发展起来的

9. 下列各项中，(　　)适用借方贷方多栏式明细账的账页格式。

A. 制造费用　　　　　　　　　　B. 管理费用

C. 预收账款　　　　　　　　　　D. 本年利润

10. 固定资产明细账一般采用(　　)。

A. 活页式　　　　　　　　　　　B. 订本式

C. 多栏式　　　　　　　　　　　D. 卡片式

11. 对从银行提取现金的业务(　　)。

A. 根据现金收款凭证登记银行存款日记账

B. 根据现金收款凭证登记现金日记账

C. 根据银行存款付款凭证和现金收款凭证登记现金日记账和银行存款日记账

D. 根据银行存款付款凭证登记现金日记账和银行存款日记账

12. 多栏式银行存款支出日记账中银行存款每日支出合计数(　　)。

A. 按日转记到银行存款收入日记账中

B. 按日转到银行存款日记账中

C. 定期转记到银行存款日记账中

D. 定期转记到银行存款收入日记账中

13. 记账凭证中应借应贷会计科目有错，而导致账簿记录错误，更正时可以采用(　　)。

A. 划线更正法

B. 红字更正法

C. 补充登记法

D. 用红字填制一张记账凭证冲销原有错误记录的方法

14. 现金和银行存款日记账，根据有关凭证(　　)。

A. 逐日逐笔登记　　　　　　　　B. 逐日汇总登记

C. 定期汇总登记　　　　　　　　D. 一次汇总登记

15. 总分类账户发生额及余额对照表中，本期借方发生额合计等于本期贷方发生额合计，说明账户发生额记录(　　)。

A. 肯定没有错误　　　　　　　　B. 肯定有错误

C. 基本正确　　　　　　　　　　D. 绝对正确

二、多项选择题

1. 银行存款日记账登记的依据是(　　)。
A. 银行存款收款凭证
B. 银行存款付款凭证
C. 部分现金收款凭证
D. 部分现金付款凭证

2. 总分类账与其所属明细分类账进行平行登记的要点有(　　)。
A. 既登记有关总账，又登记所属的有关明细账
B. 在总账账户和明细账户的相同方向记录
C. 记入总账账户的金额等于记入有关明细账户的金额之和
D. 记入总账账户的金额等于记入有关明细账户的金额

3. "原材料"总分类账(　　)。
A. 采用三栏式格式　　　　　　　　B. 不采用数量金额式格式
C. 采用多栏式格式　　　　　　　　D. 其所属的明细分类账采用数量金额式

4. 有关债权债务明细分类账(　　)。
A. 为了详细反映结算情况而采用多栏式
B. 根据有关收款凭证记账
C. 根据有关付款凭证记账
D. 根据有关转账凭证记账

5. 总分类账户与其明细分类账户(　　)。
A. 是性质不同的账户　　　　　　　B. 核算对象相同
C. 登记的原始依据相同　　　　　　D. 采用平行登记方法

6. 下列各项中，可以不采用订本式账簿的有(　　)。
A. 原材料明细账　　　　　　　　　B. 现金日记账
C. 银行存款日记账　　　　　　　　D. 应付账款明细账

7. 红字更正法适用于更正(　　)的错误。
A. 记账前发现记账凭证上的文字和数字无误
B. 记账后发现原记账凭证上的借贷科目填错
C. 记账后发现原记账凭证上所填金额小于应填金额
D. 记账后发现原记账凭证上所填金额大于应填金额

8. 下列各项中，活页账的主要优点(　　)。
A. 可以根据实际需要随时插入空白账页
B. 可以防止账页散失
C. 可以防止记账错误
D. 便于分工记账

9. 对账的主要内容有(　　)。
A. 账簿资料的内外核实　　　　　　B. 账证核对

C. 账账核对　　　　　　　　　　　　D. 账实核对

10. 下列各项中，关于结账的说法正确的有( )。

A. 总账账户应按月结出本月发生额和月末余额

B. 现金日记账应按月结出本月发生额和月末余额

C. 应收账款明细账应在每次记账后随时结出余额

D. 年终应将所有总账账户结计全年发生额和年末余额

三、判断题

1. 尾数法是指对于发生的差错只查找末位数，以提高差错效率的方法。这种方法适合用于末位数一致，借贷方金额其他位数不一致的情况。( )

2. 会计部门各种财产物资明细分类账的期末余额与财产物资保管或使用部门有关明细账的期末余额核对属于账实核对。( )

3. 库存现金日记账的账页格式均为三栏式，而且必须使用订本账。( )

4. 银行存款日记账格式与现金日记账相同，即可以采用三栏式，也可以采用多栏式，但必须都使用订本账。( )

5. 使用活页式账簿时，应当按账户顺序编号，不须定期装订成册。( )

6. 各单位在更换旧账簿、启用新账簿时，应当填制账簿启用表。( )

7. 在明细账的核算中，只需要进行金额核算的，必须使用三栏式账页格式。( )

8. 制造费用明细分类账，应选用数量金额式账页格式。( )

9. 账簿中的每一账页就是账户的具体存在形式和载体，账簿序时、分类地记载经济业务，是在各个具体的账户中完成的。账簿与账户的关系是形式和内容的关系。( )

10. 序时账簿又称为日记账，是按照经济业务发生时间的先后顺序逐日逐笔进行登记的账簿。( )

项目8 选择和应用账务处理程序

一、单项选择题

1. 各种账务处理程序的主要区别在于( )。
A. 登记总账的依据不同
B. 汇总的记账凭证不同
C. 汇总的凭证格式不同
D. 节省工作时间不同

项目8 答案

2. 记账凭证账务处理程序的特点是根据( )登记总分类账。
A. 原始凭证 B. 记账凭证
C. 汇总记账凭证 D. 科目汇总表

3. 科目汇总表账务处理程序是根据科目汇总表来登记( )。
A. 现金日记账 B. 明细账
C. 总分类账 D. 备查账

4. 下列项目中,不能作为登记总分类账依据的是( )。
A. 科目汇总表 B. 记账凭证
C. 汇总记账凭证 D. 原始凭证

5. 账务处理程序的最后一个环节是( )。
A. 根据原始凭证或汇总原始凭证,填制记账凭证
B. 根据原始凭证、汇总原始凭证或记账凭证,登记各种明细分类账
C. 根据记账凭证逐笔登记总分类账
D. 根据核对无误的总分类账和明细分类账的有关资料,编制会计报表

二、多项选择题

1. 各经济单位常用的账务处理程序有( )。
A. 记账凭证账务处理程序
B. 科目汇总表账务处理程序
C. 汇总记账凭证账务处理程序
D. 日记总账账务处理程序

2. 在记账凭证账务处理程序下,应设置( )。
A. 现金日记账 B. 银行存款日记账
C. 明细分类账 D. 总分类账

3. 在记账凭证账务处理程序下,明细分类账可根据需要采用的格式有( )。
A. 账户式 B. 三栏式
C. 数量金额式 D. 多栏式

4. 记账凭证账务处理程序的优点是(　　)。

A. 方法简单，易于理解

B. 能够反映账户之间的对应关系

C. 不能反映每项经济业务的发生情况

D. 便于分析和检查

5. 关于科目汇总表账务处理程序，说法对的是(　　)。

A. 可以简化登记总账的工作

B. 能反映经济业务的来龙去脉

C. 适用于经营规模较大、业务量大、凭证数量较多的单位

D. 起试算平衡的作用，可检查记账工作的准确性。

三、判断题

1. 记账凭证账务处理程序是最基本的账务处理程序，其他各种账务处理程序都是在此基础上发展而来的。(　　)

2. 科目汇总表账务处理程序能科学地反映账户的对应关系，且便于账目核对。(　　)

3. 记账凭证账务处理程序能反映各科目的对应关系，登记明细账的工作量大。(　　)

4. 科目汇总表账务处理程序登记总账工作量比较大。(　　)

5. 科目汇总表编制是根据原始凭证定期编制的。(　　)

项目 9　组织和开展财产清查

一、单项选择题

项目 9　答案

1. 某企业盘点中发现因自然灾害损失一台设备，原始价值 50 000 元，已计提折旧 10 000 元。根据事先签订的保险合同，保险公司应赔偿 30 000 元，则扣除保险公司赔偿后剩余的损失 10 000 元应记入(　　)科目。

A. 累计折旧　　　　　　　　　　　B. 营业外支出

C. 管理费用　　　　　　　　　　　D. 所有者权益

2. 固定资产盘盈可通过(　　)科目核算。

A. "投资收益"　　　　　　　　　　B. "以前年度损益调整"

C. "营业外收入"　　　　　　　　　D. "固定资产清理"

3. 在财产清查中，通过"账存实存对比表"发现：账存甲材料 100 000 元，实存甲材料 110 000 元，原因待查，在未批准处理前，下列账务处理中正确是(　　)。

A. 借：原材料——甲材料　　　　　10 000
　　　贷：待处理财产损溢——流动资产损溢　　　　　10 000

B. 借：原材料——甲材料　　　　　10 000
　　　贷：营业外收入　　　　　　　　　　　10 000

C. 借：固定资产——甲材料　　　　10 000
　　　贷：待处理财产损溢——非流动资产损溢　　　　10 000

D. 借：待处理财产损溢——流动资产损溢　　　10 000
　　　贷：原材料——甲材料　　　　　　　　10 000

4. 某企业在财产清查中，盘亏现金 1 000 元，其中 400 元应由出纳赔偿，另外 600 元是由于管理不善导致的。现经批准后，转销现金盘亏的会计分录为(　　)。

A. 借：待处理财产损溢　　　1 000
　　　贷：库存现金　　　　　　　1 000

B. 借：管理费用　　　　　　600
　　　营业外支出　　　　　　400
　　　贷：库存现金　　　　　　　1 000

C. 借：管理费用　　　　　　600
　　　其他应收款　　　　　　400
　　　贷：库存现金　　　　　　　1 000

D. 借：管理费用　　　　　　600
　　　其他应收款　　　　　　400
　　　贷：待处理财产损溢　　　　1 000

5. 下列关于"待处理财产损溢"科目未转销的借方余额的表述中,正确的是(　　)。

A. 等待处理的财产盘盈

B. 尚待批准处理的财产盘盈数小于尚待批准处理的财产盘亏和毁损数的差额

C. 尚待批准处理的财产盘盈数大于尚待批准处理的财产盘亏和毁损数的差额

D. 等待处理的财产盘亏

6. 对往来款项进行清查,应该采用的方法是(　　)。

A. 技术推算法　　　　　　　　　　B. 与银行核对账目法

C. 实地盘存法　　　　　　　　　　D. 发函询证法

7. 某企业 2013 年 12 月 31 日银行存款日记账余额为 217 300 元,开户分行送来的对账单所列本企业存款余额为 254 690 元,经核对,发现未达账项如下:银行已收,企业未收款 42 100 元;银行已付,企业未付款 5 000 元;企业已收,银行未收款 21 600 元;企业已付,银行未付款 21 890 元。则该企业可动用的银行存款实有数是(　　)。

A. 217 300 元　　　　　　　　　　B. 254 690 元

C. 254 400 元　　　　　　　　　　D. 276 290 元

8. 银行存款常用的清查方法是(　　)。

A. 实地盘点法　　　　　　　　　　B. 账单核对法

C. 技术推算法　　　　　　　　　　D. 发函询证法

9. 库存现金的清查是通过(　　)进行的。

A. 实地盘点法　　　　　　　　　　B. 账账核对法

C. 技术分析法　　　　　　　　　　D. 征询法

10. 财产清查的一般程序不包括(　　)。

A. 建立财产清查组织

B. 制定清查方案

C. 编制复查报告

D. 根据盘存清单,填制实物、往来账项清查结果报告表

11. 某企业在遭受洪灾后,对其受损的财产物资进行的清查,属于(　　)。

A. 局部清查和定期清查

B. 全面清查和定期清查

C. 局部清查和不定期清查

D. 全面清查和不定期清查

12. 企业在编制年度财务会计报告时进行的财产清查,一般应进行(　　)。

A. 重点清查　　　　　　　　　　B. 全面清查

C. 局部清查　　　　　　　　　　D. 抽样清查

13. 一般来说,在企业进行清产核资时,应对财产进行(　　)。

A. 全面清查　　　　　　　　　　B. 局部清查

C. 实地盘点　　　　　　　　　　D. 定期清查

14. 对财产清查结果进行正确账务处理的主要目的是保证(　　)。

A. 账表相符　　　　　　　　　　B. 账账相符

C. 账实相符　　　　　　　　　　D. 账证相符

15. (　　)是用以调整财产物资账簿记录的重要原始凭证，也是分析产生差异的原因，明确经济责任的依据。

A. 盘存单　　　　　　　　　　　　B. 实存账存对比表

C. 银行对账单　　　　　　　　　　D. 现金盘点表

二、多项选择题

1. "待处理财产损溢"账户的贷方记录(　　)。

A. 发生的财产盘盈数　　　　　　　B. 发生的财产盘亏数

C. 批准转出的财产盘盈数　　　　　D. 批准转出的财产盘亏数

2. 财产物资的盘存制度有(　　)。

A. 永续盘存制　　　　　　　　　　B. 实地盘存制

C. 权责发生制　　　　　　　　　　D. 收付实现制

3. 处理无法收回的应收账款，会涉及的账户是(　　)。

A. 制造费用　　　　　　　　　　　B. 资产减值损失

C. 应收账款　　　　　　　　　　　D. 坏账准备

4. 下列财产的清查一般采用实地盘点法的是(　　)。

A. 库存现金　　　　　　　　　　　B. 各项实物资产

C. 银行存款　　　　　　　　　　　D. 应收账款

5. 财产清查按其清查对象和范围不同，可分为(　　)。

A. 局部清查　　　　　　　　　　　B. 全面清查

C. 重点清查　　　　　　　　　　　D. 随时清查

6. 一般来说，单位在(　　)需进行全面清查。

A. 年终决算前

B. 单位撤销、合并或改变隶属关系时

C. 开展清产核资时

D. 单位主要负责人调动工作时

7. 适用于核对账目方法清查的有(　　)。

A. 库存现金

B. 各项财产物资

C. 银行存款

D. 应收账款

8. 对银行存款进行清查的方法是将企业银行存款日记账与银行对账单核对，如果两者不符，其造成的原因有(　　)。

A. 企业账务记录有误

B. 银行账务记录有误

C. 企业已记账，银行未记账

D. 银行已记账，企业未记账

9. 月末，企业银行存款日记账与银行对账单不一致，造成企业账面余额大于银行对账单存款余额的原因有(　　　)。

    A. 企业已收款入账，而银行尚未入账

    B. 企业已付款入账，而银行尚未入账

    C. 银行已收款入账，而企业尚未入账

    D. 银行已付款入账，而企业尚未入账

    10. 对银行存款的清查，是通过核对账目进行的，编制"银行存款余额调节表"时，对企业银行存款日记账余额进行调节，应(　　　)。

    A. 加企业已收，银行尚未收的款账

    B. 加银行已收，企业尚未收的款账

    C. 减企业已付，银行尚未付的款账

    D. 减银行已付，企业尚未付的款账

三、判断题

    1. 现金长款应先计入"待处理财产损溢"账户核算。(　　　)

    2. 财产盘盈盘亏后，不管是否查明原因和报经批准处理，都应先编制分录调账，使账实相符。(　　　)

    3. 对于无法收回的应收款，应先记入"待处理财产损溢"账户，待批准后转入有关账户。(　　　)

    4. 如果企业和银行双方记账均无误，企业银行存款日记账余额和银行定期送来的对账单余额也应相等。(　　　)

    5. 只有在年度结束时，才进行全面清查。(　　　)

    6. 定期清查一般是全面清查，不定期清查是局部清查。(　　　)

    7. 采用永续盘存制，平时对各项财产的收发可不作详细记录。(　　　)

    8. 采用实地盘存制，平时只登记财产物资的增加数，不登记减少数。(　　　)

    9. 银行存款日记账的账面余额和银行对账单账面余额不相符的原因，都是由于存在未达账项造成的。(　　　)

    10. 调节平衡后的"银行存款余额调节表"，可以作为调整银行账面余额的依据。(　　　)

四、计算分析题

    XYZ 公司 201X 年 12 月 31 日银行存款日记账余额为 130 000 元，银行对账单的余额为 110 000 元，经过双方逐笔核对后，发现存在以下未达账项：

    (1) 公司因采购材料开出转账支票一张，金额为 2 000 元，公司已入账，但持票人尚未到银行办理转账手续；

    (2) 公司因销售商品收到购货方开来的转账支票一张，金额为 5 000 元，将支票送存银行后公司做收入入账，但是银行尚未办理入账手续；

    (3) XYZ 公司将收到的某客户转账支票 20 000 元送存银行，因对方存款不足而退票，公司未接到通知；

(4) 公司委托银行代收外地销货款 4 000 元，银行已收款入账，但公司尚未收到收款通知；

(5) 银行代为支付本月电话费 1 000 元，已入账，但是公司尚未收到付款通知。

根据上述资料，完成以下"银行存款余额调节表"的编制。

表 2-2

银行存款余额调节表

编制单位：XYZ 公司　　　　　　　　　　201X 年 12 月 31 日　　　　　　　　　　单位：元

项目	金额	项目	金额
企业银行存款日记账余额	130 000	银行对账单余额	110 000
加：银行已收企业未收的款项合计	4 000	加：企业已收银行未收的款项合计	（　　）
减：银行已付企业未付的款项合计	（　　）	减：企业已付银行未付的款项合计	（　　）
调节后余额	（　　）	调节后余额	（　　）

五、账务处理题

根据下列财产清查资料，编制会计分录。

(1) 现金短款 140。经查明，其中 50 元应由出纳员承担责任，另 90 元无法查明原因，经批准作管理费用；

(2) 现金长款 1 000 元。经查明，现金长款的 1 000 元中，800 元属于少付给职工王某的款项；200 元无法查明原因，经批准作为营业外收入处理；

(3) 盘盈材料 1 吨，价值 3 500 元。经查，这批盘盈材料是因计量有误所造成的，当期经批准冲减本期管理费用；

(4) 盘亏材料一批，价值 9 500 元。经查明，定额内损耗为 1 000 元，管理员过失为 100 元，非常事故损失为 7 000 元，保险公司同意赔款 1 000 元，残料作价 400 元入库；

(5) 盘盈机器一台，估计其重置成本为 90 000 元；

(6) 盘亏设备一台，其账面原值为 500 000 元，已提折旧 300 000 元。经查明属于管理不善，该损失由责任人赔偿 2 000 元，其余作为营业外支出处理；

(7) 将一笔无法支付的应付账款 300 元，经批准予以转销。经查，该笔款项的受益单位已撤销而无法清偿。

项目 10　编制和报送会计报表

一、单项选择题

1. 财务报表分为个别财务报表和合并财务报表的依据是(　　)。

A. 编制主体不同　　　　　　　　　　B. 报送对象不同

C. 编报期间不同　　　　　　　　　　D. 编制范围不同

2. 资产负债表中，根据总账期末余额直接填列的项目是(　　)。

A. 短期借款　　　　　　　　　　　　B. 应收账款

C. 货币资金　　　　　　　　　　　　D. 存货

3. 资产负债表"货币资金"项目填列的依据是(　　)。

A. 库存现金

B. 库存现金和银行存款的合计

C. 库存现金、银行存款和其他货币资金的合计

D. 现金和现金等价物的合计

4. 企业"应收账款"账户所属 A、B、C 三个明细账户期末余额分别为：A 账户借记 1 000 元，B 账户贷记 500 元，C 账户借记 6 000 元。资产负债表中，"应收账款"项目期末余额为(　　)元。

A. 500　　　　　　　　　　　　　　B. 6 500

C. 7 500　　　　　　　　　　　　　D. 7 000

5. "预收账款"科目所属明细科目期末有借方余额，应在资产负债表(　　)项目内填列。

A. 预付款项　　　　　　　　　　　　B. 应付账款

C. 应收账款　　　　　　　　　　　　D. 预收款项

6. 会计报表各项目的数据必须建立在(　　)的基础之上。

A. 真实可靠　　　　　　　　　　　　B. 相关可比

C. 便于理解　　　　　　　　　　　　D. 编制及时

7. 编制资产负债表所依据的会计等式是(　　)。

A. 收入－费用＝利润

B. 资产＝负债＋所有者权益

C. 借方发生额＝贷方发生额

D. 期初余额＋本期借方发生额－本期贷方发生额＝期末余额

8. 以下报表中反映企业财务状况的是(　　)。

A. 资产负债表　　　　　　　　　　　B. 利润表

C. 现金流量表　　　　　　　　　　　D. 利润分配表

9. 资产负债表中资产的排列顺序是(　　)。

A. 资产负债表　　　　　　　　　　　B. 项目流动性

C. 项目收益性　　　　　　　　　D. 项目时间性

10. 资产负债表的下列项目中，直接根据一个总分类账账户就能填列的项目是(　　)。

A. 货币资金　　　　　　　　　　B. 应收账款

C. 长期借款　　　　　　　　　　D. 预收账款

11. 资产负债表下列项目中，能根据相应明细账账户期末余额直接填列的项目是(　　)。

A. 预付账款　　　　　　　　　　B. 待摊费用

C. 长期债券投资　　　　　　　　D. 在建工程

12. 下列资产项目中，属于非流动资产项目的是(　　)。

A. 应收票据　　　　　　　　　　B. 长期投资

C. 待摊费用　　　　　　　　　　D. 存货

13. 资产负债表中所有者权益的排列顺序是(　　)。

A. 未分配利润→盈余公积→盈余公积→实收资本

B. 实收资本→资本公积→盈余公积→未分配利润

C. 实收资本→盈余公积→资本公积→未分配利润

D. 资本公积→盈余公积→未分配利润→实收资本

14. 下列项目中，属于长期负债项目的是(　　)。

A. 应付票据　　　　　　　　　　B. 应付债券

C. 应付股利　　　　　　　　　　D. 应付工资

15. 可以反映企业的短期偿债能力和长期偿债能力的报表是(　　)。

A. 利润表　　　　　　　　　　　B. 利润分配表

C. 资产负债表　　　　　　　　　D. 现金流量表

16. 资产负债表的主体和核心部分是(　　)。

A. 表头　　　　　　　　　　　　B. 表身

C. 表尾　　　　　　　　　　　　D. 附表

17. 资产负债表的下列项目中，必须根据总账科目和明细账科目两者的余额分析计算填列的是(　　)。

A. 短期借款　　　　　　　　　　B. 长期借款

C. 应收账款　　　　　　　　　　D. 应付账款

二、多项选择题

1. 下列各项中，影响营业利润的账户有(　　)。

A. 主营业务收入

B. 其他业务成本

C. 营业外支出

D. 税金及附加

2. 借助于利润表提供的信息，可以帮助管理者(　　)。

A. 分析企业资产的结构及其状况

B. 分析企业的债务偿还能力

C. 分析企业的获利能力

D. 分析企业利润的未来发展趋势

3. 下列项目中，在编制资产负债表时，可以根据总账账户余额直接填列的是(　　)。

A. 应交税费　　　　　B. 应付票据　　　　C. 短期借款　　　　D. 应收票据

4. 资产负债表的相关项目，可以根据(　　)。

A. 一个或几个总账科目的余额填列

B. 明细科目的余额计算填列

C. 总账科目余额和明细科目余额计算填列

D. 有关科目余额减去其备抵科目余额后的净额填列

5. 下列各项中，属于资产负债表中流动资产项目的有(　　)。

A. 货币资金　　　　　　　　　　B. 预收款项

C. 应收账款　　　　　　　　　　D. 存货

6. 下列不属于资产负债表中"流动资产"项目的是(　　)。

A. 预收款项　　　　　　　　　　B. 应收账款

C. 预付账款　　　　　　　　　　D. 持有至到期投资

7. 下列关于资产负债表的说法，正确的有(　　)。

A. 提供某一日期资产的总额及其结构，表明企业拥有或控制的资源及其分布情况

B. 提供某一期间的负债总额及其结构，表明企业未来需要用多少资产或劳务清偿债务以及清偿时间

C. 反映所有者所拥有的权益，据以判断资本保值、增值的情况以及对负债的保障程度

D. 提供某一日期的负债总额及其结构，表明企业未来需要用多少资产或劳务清偿债务以及清偿时间

8. 在编制财务报表的过程中，企业管理当局应对企业持续经营的能力进行评价，评价是需考虑企业目前或长期的(　　)等因素。

A. 盈利能力

B. 管理当局经营政策的变更意向

C. 偿债能力

D. 财务风险

9. 下列有关财务报表的表述中，正确的是(　　)。

A. 财务报表是指企业对外提供的反映企业某一特定日期财务状况和某一会计期间经营成果、现金流量等会计信息的文件

B. 企业财务报表可以为年度、半年度、季度或月度财务报表

C. 财务报表至少应当包括资产负债表、利润表、现金流量表、所有者权益变动表以及附注，即"四表一注"

D. 财务会计报告就是指财务报表

10. 以下项目中在资产负债表中列示在左方的有(　　)。

A. 长期股权投资　　　　　　　　B. 固定资产

C. 无形资产　　　　　　　　　　D. 长期借款

三、判断题

1. 利润表"上期金额"栏内各项目数字，应根据上年度利润表"本期金额"栏内所列数字填列。（ ）

2. 企业在利润表中应当对费用按照功能分类，分为从事经营业务发生的成本、管理费用、销售费用和财务费用等。（ ）

3. 利润表是反映企业一定会计期间财务状况的报表。（ ）

4. 资产负债表中的"长期待摊费用"项目应根据"长期待摊费用"科目的余额直接填列。（ ）

5. 资产负债表中"固定资产"项目应根据"固定资产"账户余额直接填列。（ ）

6. 资产负债表的格式主要有账户式和报告式两种，我国采用的是报告式。（ ）

7. 资产负债表中资产类项目至少包括流动资产项目、长期投资项目和固定资产项目。（ ）

8. 如果以持续经营为基础编制财务报表不再合理，企业仍然应当采用持续经营为基础编制财务报表。（ ）

9. 为了实现财务报表的编制目的，最大限度地满足财务报表使用者的信息需求，单位编制的财务报表应当符合国家统一的会计制度和会计准则的有关规定。（ ）

10. 报表附注是对资产负债表、利润表和现金流量表等报表中未列示项目的补充说明，其目的是更加全面、详细地反映单位财务状况、经营成果和现金流量之外的会计信息。（ ）

四、计算分析题

1. 甲公司 201X 年 4 月末损益类账户结账前的发生额资料如下表 2-3、表 2-4：（单位：万元）

要求：根据上述资料，计算下列本月利润表项目。

表 2-3

账户名称	借方	贷方	账户名称	借方	贷方
主营业务收入	10	100	主营业务成本	50	5
其他业务收入	5	25	销售费用	8	
营业外收入		15	营业税金及附加	12	
投资收益	4	8	其他业务成本	15	5
			资产减值损失	3	
			管理费用	4	0.6
			财务费用	2.8	0.2
			营业外支出	2	
			所得税费用	8.75	

表 2-4

项　目	本期金额	上期金额
一、营业收入	(1)	
减：营业成本	(2)	
营业税金及附加		
销售费用		
管理费用	(3)	略
财务费用		
资产减值损失		
加：公允价值变动收益(损失以"－"号填列)		
投资收益(损失以"－"号填列)		
二、营业利润(亏损以"－"号填列)	(4)	
加：营业外收入		
减：营业外支出		略
三、利润总额(亏损总额以"－"号填列)	(5)	
减：所得税费用		
四、净利润(净亏损以"－"号填列)		

要求：根据上述资料，计算下列本月利润表项目。

(1)"营业收入"为(　　　)万元。

(2)"营业成本"为(　　　)万元。

(3)"管理费用"为(　　　)万元。

(4)"营业利润"为(　　　)万元。

(5)"利润总额"为(　　　)万元。

2. 杏林公司 201X 年 12 月 31 日总分类账户及明细分类账户的期末余额如下表 2-5、表 2-6：

表 2-5　　　　　　　　　　　总分类账户余额　　　　　　　　　(单位：元)

总分类账户名称	借方余额	贷方余额
库存现金	1 895	
银行存款	129 800	
应收账款	4 000	
坏账准备		200
原材料	72 500	
库存商品	62 000	

续表

总分类账户名称	借方余额	贷方余额
生产成本	18 000	
固定资产	358 700	
累计折旧		24 700
无形资产	20 000	
累计摊销		3 500
预收账款		8 500
短期借款		27 500
应付账款		23 000
预付账款	5 000	
长期借款		200 000
实收资本		350 000
盈余公积		18 095
利润分配		16 400
合计	671 895	671 895

表 2-6　　　　　　　　　有关明细账户余额　　　　　　　　　（单位：元）

账户名称	余额方向	金额
应收账款	借	4 000
——A 公司	借	5 500
——奇盛公司	贷	1 500
预收账款	贷	8 500
——C 公司	贷	10 000
——D 公司	借	1 500
预付账款	借	5 000
——E 公司	借	6 200
——F 公司	贷	1 200
应付账款	贷	23 000
——G 公司	贷	23 000

补充资料：长期借款中将于一年内到期归还的长期借款为 60 000 元。

要求：根据上述资料，计算金地公司 2013 年 12 月 31 日资产负债表的下列项目金额：

(1) 应收账款(　　　)元；

(2) 资产合计(　　　)元；

(3) 应付账款(　　　)元；

(4) 预收款项(　　　)元；

(5) 流动负债合计(　　　)元。

第三部分

综合能力训练

一、能力训练目的

通过综合能力训练，使学生熟练掌握填制与审核会计凭证、登记会计账簿、编制会计报表的方法，熟悉科目汇总表账务处理程序的核算流程。

(特别说明：为体现国家最新深化财税体制的改革，本部分综合能力训练均按照《财政部、税务总局关于调整增值税税率的通知》的规定，将纳税人发生增值税应税销售行为或者进口货物，原适用 17%和 11%的税率分别调整为 13%、9%。)

二、能力训练要求

以记账人员身份参与企业核算，在综合实训过程中允许互相研究、提问、参阅有关资料，允许发生计算、记录性的错误，但是必须严格遵守《中华人民共和国会计法》和《企业会计准则》等会计法律法规的要求，对出现错误的问题进行规范更正。对业务要周密思考、慎重对待，力求处理业务达到及时、准确、全面反应，力求成为一名合格的财务工作者。

三、实训资料

1. 实训企业基本情况

企业名称：长沙吉祥木业有限公司

企业性质：家具制造企业

注册资金：50 万元人民币

经营范围：家具制造、销售、批发

法定代表人：孙智萍

会计主管：李舜熙

开户银行及银行账号：中国建设银行锦园路支行 43091458647988

纳税登记号：945861497794412

单位地址：湖南省长沙市锦园路 18 号

其他信息：出纳员万湘，稽核人员刘菁

2. 实训企业会计核算制度(四舍五入，计算保留两位小数)

(1) 企业库存现金限额为 5 000 元，基本存款账户为中国建设银行锦园路支行；

(2) 日常存货均按照实际成本法核算，发出存货按照先进先出法计算；

(3) 仓库低值易耗品均采用一次摊销法，领用时按照实际成本结转；

(4) 企业设一个制造车间，产品制造流程采用班组制，车间下设木工组、涂装组、包装组；

(5) 固定资产折旧采用平均年限法，除包装机为销售部门使用外，其他固定资产均为生产使用，月末在产品按照单位定额成本计量(见表 3-1)；

表 3-1

在产品项目	直接材料	直接人工	制造费用	合计
木床	1 000	500	460	1 960
木柜	1 400	600	340	2 340

(6) 企业产品为木床、木柜，制造费用按照产品所耗人工工时进行分配；

(7) 企业为增值税一般纳税人，本期进项税额均已认证抵扣，产品销售价格均为不含增值税金额，适用增值税税率为13%，城市维护建设税税率为7%、教育费附加税率为3%、企业所得税税率为25%；

(8) 企业税后利润按照10%提取法定盈余公积，按照当年净利润的20%发放现金股利；

(9) 采用科目汇总表账务处理程序，使用通用记账凭证记录；

(10) 库存商品的销售成本月末一次性结转。

3. 实训企业期初余额信息

2017年12月1日长沙吉祥木业总账账户期初余额表，见表3-2。

表 3-2

总账账户	借方余额	总账账户	贷方余额
库存现金	2 600	应付职工薪酬	65 000
银行存款	115 620	应交税费	2 300
应收账款	100 780	应付账款	95 000
其他应收款	3 000	实收资本	500 000
预付账款	50 000	盈余公积	6 500
原材料	98 000	本年利润	80 000
周转材料	5 000	利润分配	65 000
库存商品	95 000	累计折旧	6 200
固定资产	350 000		
合计	820 000	合计	820 000

2017年12月1日长沙吉祥木业明细账户期初余额表，见表3-3。

表 3-3

总账账户	明细账户	借贷方向	期初余额
应收账款	湖南华盛贸易有限公司	借	62 880
	长沙晴空百货有限公司	借	37 900
其他应收款	赵若飞	借	3 000
预付账款	湘西彩源涂料有限公司	借	50 000
应交税费	应交个人所得税	贷	2 300
应付账款	长沙如意五金器材有限公司	贷	42 000
	湖南福云物资有限公司	贷	53 000
盈余公积	法定盈余公积	贷	6 500
利润分配	未分配利润	贷	65 000

2017 年 12 月 1 日长沙吉祥木业实物资产账户期初余额表，见表 3-4。

表 3-4

总账账户	明细账户	单位	数量	单价	金额
原材料	板材	立方米	60	1 200	72 000
	油漆	桶	40	450	18 000
	五金件	套	100	80	8 000
周转材料	砂轮	个	20	200	4 000
	包装箱	个	50	20	1 000
库存商品	木床	张	20	2 800	56 000
	木柜	组	10	3 900	39 000
固定资产（原值）	精密锯床	台	5	15 000	75 000
	数控机床	台	2	120 000	240 000
	包装机	台	5	7 000	35 000

4. 实训企业 2017 年 12 月具体经济业务与原始单据(部分单据需要进行补充)

(1) 2 日，收到长沙晴空百货有限公司转账支票一张，归还前欠货款 37 900 元，存入银行(见表 3-5)。

第三部分 综合能力
训练答案

表 3-5

中国建设银行 China Construction Bank　　进 账 单（收账通知）　　3

2017年12月2日

收款人	全称		付款人	全称	长沙晴空百货有限公司												
	账号			账号	8911562133664												
	开户银行			开户银行	长沙农商行梅溪湖支行												
金额	人民币：（大写）					亿	千	百	十	万	千	百	十	元	角	分	
票据种类	转账支票	票据张数 1															
票据号码	06389122																

中国建设银行锦园路支行　2017.12.02　转讫（3）

复核　记账　　　　　收款人开户银行签章

此联是收款人开户银行交给收款式人的收账通知

(2) 3日，仓库发出板材50立方米，其中：木床耗用25立方米，木柜耗用20立方米，车间零星耗用5立方米(见表3-6)。

表3-6

发 料 单

领用部门：制造车间　　　　领用日期：2017.12.03　　　　　　　发料单号：000957

序号	品名	材料规格	单位	应发数量	实发数量	备注
1	板材	无漆松木	m³	25.00	25.00	木床组
2	板材	无漆松木	m³	20.00	20.00	木柜组
3	板材	无漆松木	m³	5.00	5.00	支架组
4						
5						
6						

制单：张霜　　　　　审核：何三友　　　　　仓管员：张霜　　　　　领料员：钟金

(3) 3日，仓库发出油漆35桶，其中：木床耗用15桶，木柜耗用18桶，车间零星耗用2桶(见表3-7)。

表3-7

发 料 单

领用部门：制造车间　　　　领用日期：2017.12.03　　　　　　　发料单号：000958

序号	品名	材料规格	单位	应发数量	实发数量	备注
1	油漆	环保清漆	桶	15	15	木床组
2	油漆	环保清漆	桶	18	18	木柜组
3	油漆	环保清漆	桶	2	2	涂装组
4						
5						
6						

制单：张霜　　　　　审核：何三友　　　　　仓管员：张霜　　　　　领料员：钟金

(4) 4 日，向衡山木材加工厂购入板材 80 立方米，材料尚未入库，价款 108 500 元，增值税 14 105 元，款项尚未支付(见表 3-8)。

表 3-8

湖南增值税专用发票

4300111140　　　　　　发票联　　　　　No.004456889

校验码：69523 66114 66413 44962　　　　　开票日期 2017年12月4日

购货单位	名　称：长沙吉祥木业有限公司 纳税人识别号：945861497794412 地址、电话：湖南省长沙市锦园路18号 0731-8597776 开户行及帐号：中国建设银行长沙锦园路支行 43091458647	密码区	(略)

货物或应税劳务名称	规格型号	单位	数量	单价	金额	税率	税额
板材	无漆松木	m³	80	1356.25	108500.00	13%	14105.00
合　计					¥108500.00		¥14105.00

价税合计（大写）　壹拾贰万贰仟陆佰零伍圆整　（小写）¥122605.00

销货单位	名　称：衡山木材加工厂 纳税人识别号：446465165456464 地址、电话：衡山县云冠镇青山路6号 6951354 开户行及帐号：湖南农商银行衡山县支行 56467132465745416	备注	

收款人：　　复核：　　开票人：徐子恩　　销货单位：(章)

第三联：发票联 购货方记账凭证

(5) 5 日，网银划缴上月代扣代缴的个人所得税 2 300 元(见表 3-9)。

表 3-9

中国建设银行网上银行电子回单

币别	人民币	日期：	2017-12-5	凭证号：	656536655	交易流水号：	2017120565624624
付款人	全称			收款人	全称		长沙市地方税务局五分局
	账号				账号		32201988738050315260
	开户行				开户行		中国农业银行长沙营业部
大写金额				小写金额			
用途	税款						
钞汇标志	钞户						

重要提示：电子回单可重复打印，如您已通过银行柜台取得相应纸质回单，请注意核对，勿重复记账。

第 1 次补打。

(6) 5 日，收到湘南实业股份有限公司投资款 300 000 元(未出现溢价)，存入银行(见表 3-10)。

表 3-10

中国建设银行　进 账 单（收账通知）　3
China Construction Bank

2017年12月5日

收款人	全称		付款人	全称	湘南实业股份有限公司											
	账号			账号	908775949546565											
	开户银行			开户银行	中国银行郴州分行营业部											
金额	人民币：（大写）					亿	千	百	十	万	千	百	十	元	角	分
票据种类	转账支票	票据张数 1														
票据号码	1565335499															

复核　　记账　　　　　　　　　　收款人开户银行签章

此联是收款人开户银行交给收款式人的收账通知

(中国建设银行锦园路支行 2017.12.05 转讫(3))

(7) 7 日，用银行存款归还前欠湖南福云物资有限公司货款 53 000 元(见表 3-11)。

表 3-11

中国建设银行
转账支票存根（湘）

支票号码：08098645

科目＿＿＿＿＿＿

对方科目＿＿＿＿＿

出票日期 2017 年 12 月 7 日

收款人：湖南福云物资有限公司

金　额：￥53 000.00

用　途：货款

单位主管 李舜熙　　会计

(8) 8 日，开出现金支票一张，提取备用金 4 000 元(见表 3-12)。

表 3-12

中国建设银行
现金支票存根(湘)

支票号码：07922665

科目＿＿＿＿＿＿＿＿＿＿

对方科目＿＿＿＿＿＿＿

出票日期2017年 12 月 8 日

| 收款人：本公司 |
| 金　额：￥4 000.00 |
| 用途：备用金 |

单位主管 李舜熙　　会计

(9) 8 日，以现金购入车间使用劳保用品 3 390 元，购入后工人直接领用(见表 3-13、表 3-14)。

表 3-13

湖南增值税专用发票

4300111140　　　　　　　　　发票联　　　　　　　No.003256541

校验码：15943 58889 65522 65533　　　　　　　开票日期 2017年12月8日

购货单位	名　称：	长沙吉祥木业有限公司				密码区			
	纳税人识别号：	945861497794412							
	地址、电话：	湖南省长沙市锦园路18号 0731-8597776							
	开户行及帐号：	中国建设银行长沙锦园路支行 43091458647							

货物或应税劳务名称	规格型号	单位	数量	单价	金额	税率	税额
防护手套	L	双	20	15.00	300.00	13%	39.00
焊接面具		个	30	30.00	900.00	13%	117.00
工作服	L	套	20	90.00	1800.00	13%	234.00
合　计					￥3000.00		￥390.00

| 价税合计(大写) | 叁仟叁佰玖拾圆整 | (小写) ￥3390.00 |

销货单位	名　称：	长沙金安劳保用品有限公司	备注
	纳税人识别号：	954666812336162	
	地址、电话：	长沙市莲溪路469号 8661266	
	开户行及帐号：	长沙银行同昇支行 6226952369513696	

收款人：　　　　　复核：　　　　　开票人 唐浩　　　　销货单位：(章)

第三联：发票联　购货方记账凭证

表 3-14

收款收据

2017年12月8日

今收到：				
交来：				
人民币 大写			￥	
收款人 签章	长沙金安劳保用品有限公司 财务专用章	收款人	唐浩	备注

②交对方（红）

(10) 9 日，销售给湖南华盛贸易有限公司木床 15 床，单价 4 800 元，木柜 10 组，单价 6 500 元，共计增值税 17 810 元，款项暂未收到(见表 3-15、表 3-16)。

表 3-15

湖南增值税专用发票

4300111140　　　　记账联　　　　No.009621596

校验码：96246 84562 05620 06984　　　　开票日期 2017年12月9日

购货单位	名　　称： 湖南华盛贸易有限公司 纳税人识别号：94566215499237 地址、电话：长沙市叠彩路698号 0731-8269846 开户行及账号：中国建设银行长沙叠彩路支行 43091451269	密码区	（略）

货物或应税劳务名称	规格型号	单位	数量	单价	金额	税率	税额
木床		床	15			13%	
木柜		组	10			13%	
合　计							
价税合计（大写）					（小写）		

销货单位	名　　称： 纳税人识别号： 地址、电话： 开户行及账号：	备注	长沙吉祥木业有限公司 945861497794412 发票专用章

收款人：　　　复核：　　　开票人：万湘　　　　　（章）

第一联：记账联 销货方记账凭证

表 3-16

产品出库单（第一联：存根）

出库日期：　2017年12月9日　　　　　　　　　　　　　编号：　20171209365

序号	客户名称	送货地点	产品类别	产品名称（规格、型号）	单位	出库数量	备注
1	华盛贸易	长沙市叠彩路698号	成品	木床	床	15	
2	华盛贸易	长沙市叠彩路698号	成品	木柜	组	10	

发货人签字:余新　　　　　　　　　　　送（提）货经办人签字：张瑞平

(11) 9 日，以银行存款 5 650 元支付产品加工费，取得长沙力拓加工厂开具的增值税专用发票(见表 3-17、表 3-18)。

表 3-17

中国建设银行
转账支票存根（湘）

支票号码：08098646

科目＿＿＿＿＿＿＿＿

对方科目＿＿＿＿＿＿

出票日期 2017 年 12 月 9 日

收款人：长沙力拓

金　额：￥5650.00

用　途：加工费

单位主管 李舜熙　　会计

建行湖南安全公司 2017 印制

表 3-18

湖南增值税专用发票

4300111140　　　　　　　发票联　　　　　　No.0009911230

校验码：39922 59550 50066 09993　　　　　　开票日期 2017年12月8日

| 购货单位 | 名　称：长沙吉祥木业有限公司
纳税人识别号：945861497794412
地址、电话：湖南省长沙市锦园路18号 0731-8597776
开户行及帐号：中国建设银行长沙锦园路支行 43091458647 | 密码区 | （略） |

货物或应税劳务名称	规格型号	单位	数量	单价	金额	税率	税额
加工费			1	5000.00	5000.00	13%	650.00
合　计					¥5000.00		¥650.00

价税合计（大写）　伍仟陆佰伍拾圆整　　　　　　（小写）¥5650.00

| 销货单位 | 名　称：长沙力拓加工厂
纳税人识别号：95466961893423
地址、电话：长沙市锦园路49号 8579312
开户行及帐号：中国建设银行长沙锦园路支行 4309141039943 | 备注 | |

收款人：　　　　复核：　　　　开票人：张鑫

(12) 12 日，以现金 2 400 元支付管理部门所购办公用品(见表 3-19～表 3-21)。

表 3-19

湖南增值税普通发票

4300123650　　　　　　发票联　　　　　　No. 006694231

校验码：03994 51896 52201 12500　　　　　开票日期：2017年12月12日

| 购货单位 | 名　称：长沙吉祥木业有限公司
纳税人识别号：945861497794412
地址、电话：湖南省长沙市锦园路18号 0731-8597776
开户行及账号：中国建设银行长沙锦园路支行 43091458647988 | 密码区 | （略） |

货物或应税劳务名称	规格型号	单位	数量	单价	金额	税率	税额
办公用品一批 （详见销货清单）					2330.10	3%	69.90
合　计					¥2330.10		¥69.90

价税合计（大写）　贰仟肆佰圆整　　　　　　（小写）¥2400.00

| 销货单位 | 名　称：长沙永信办公用品商店
纳税人识别号：61158552212121
地址、电话：长沙市麓山西路139号 6515595
开户行及账号：交通银行长沙岳麓支行 711664122666300 | 备注 | |

收款人：　　　　复核：　　　　开票人：白景　　　　销货单位：（章）

表 3-20

销 售 货 物 或 提 供 应 税 劳 务 清 单

购买方名称：长沙吉祥木业有限公司

销货方名称：长沙永信办公用品商店

所属增值税普通发票代码：4300123650　　　　发票号码：006694231　　　　共 1 页 第 1 页

序号	货物（劳务）名称	规格型号	单位	数量	单价	金额	税率	税额
1	计算器		个	10	19.417475728	194.17	3%	5.83
2	钢笔		盒	20	29.126213592	582.52	3%	17.48
3	财务账簿		本	10	24.271844660	242.72	3%	7.28
4	A4打印纸		箱	10	97.087378641	970.87	3%	29.13
5	财务凭证		本	50	6.796116505	339.81	3%	10.19
小计						2330.10		69.90
总计						2330.10		69.90
备注								

销售方（章）　158552212121　　　　　　　　填开日期：　2017年12月12日

注：本清单一式两联。第一联：销售方留存；第二联：销售方送交购买方。

表 3-21

收款收据

2017年12月12日

今收到：长沙吉祥木业有限公司				
交来：办公用品款				
人民币大写	贰仟肆佰元整		￥	2400.00
收款人签章	★ 收款专用章	收款人	白景	备注

②交对方（红）

表 3-26

湖南增值税专用发票

4300111140

发 票 联

№ 000644899

校验码: 39922 59550 50066 09993

开票日期 2017年12月14日

购货单位	名　称： 长沙吉祥木业有限公司 纳税人识别号：945861497794412 地址、电话： 湖南省长沙市锦园路18号 0731-8597776 开户行及帐号：中国建设银行长沙锦园路支行 43091458647	密码区	（略）

货物或应税劳务名称	规格型号	单位	数量	单价	金额	税率	税额
打孔机	12mm	台	1	20000.00	20000.00	13%	2600.00
合　　计					¥20000.00		¥2600.00

价税合计（大写）	贰万贰仟陆佰圆圆整	（小写）¥22600.00

销货单位	名　称： 湘潭九华机电有限公司 纳税人识别号：9654621636565 地址、电话： 湘潭县易俗河镇谷阳路1号 2285466 开户行及帐号：华融湘江银行湘潭易俗河支行 8200565156663	备注	

收款人：　　　　　　复核：　　　　　　开票人：何跃溪　　　　　　销货单位：（章）

表 3-27

设 备 验 收 单

定购部门	车间		使用部门	支架组	
设备名称	打孔机		规格型号	12mm	
数　量	1	单价	20,000.00	总　价	20,000.00
生产厂家	湘潭九华机电有限公司				
国　别	中国	出厂日期	2017.12.01		
定购日期	2017.12.09	到货日期	2017.12.14	经费科目	自筹
使用方向	拼接打孔	资料保管人	刘昌平		
出厂编号: 20171201303635511 12					
验收情况:外观完好			验收人: 张国清 2017年12月14日		
验收结果:试机正常 验收负责人:张国清 2017年12月14日			使用部门负责人:王宇 2017年12月14日		

(15) 15日，通过银行批量转账系统发放上月职工工资 65 000 元，同时银行划缴了批量转账手续费 100 元(见表 3-28～表 3-29)。

表 3-28

中国建设银行批量业务委托申请单

№：5464652231546

网点：长沙锦园路支行 申请时间：2017年12月15日

批量业务委托单位填写	申请单位名称	长沙吉祥木业有限公司	联系人	万湘
	委托业务受理内容	代发工资	联系电话	18807310XXX
	数据文件形式	√电子介质 □纸质	单位性质	□行政事业 √企业 □其他
	本次代付/收金额	￥65,000.00	本次代付/收笔数	15
	校验要求： □不校验 □户名 √户名及证件 □户名或证件			
	申请单位批量业务情况说明：工资代发 经办人：万湘 单位负责人：孙智萍 单位印章：			
	银行接收人签字：林桑		2017年12月15日	
银行填写	成功代付/收金额	65000.00元	成功笔数	15笔
	失败代付/收金额	0.00元	失败笔数	0笔
	合计金额	65000.00元	合约号	
			完成时间	2017年12月15日
	受理银行意见： √成功批量数据返回委托单位 □不成功批量数据返回委托单位待处理 □不成功批量数据剩余金额返回委托单位对应的结算账户 □其他：＿＿＿＿＿＿＿＿＿＿＿＿＿＿＿＿ 经办人：贺梅芝 业务主管：方喜 2017年12月15日			
	委托单位经办人确认签字： 年 月 日			

表 3-29

中国建设银行业务单位客户业务回单

付款人	户名	长沙吉祥木业有限公司	收款人	户名	对公批量代发
	账号	43091458647988		账号	4309145864798800
金额（大写）		陆万伍仟圆整	金额（小写）		65000
币种		人民币	手续费		100.00
用途		批量代发工资	交易时间		2017/12/15 14:05
交易流水号		9900065870			
备注		上述款项已根据操作指令办理，如需进一步查询，请持此回单来我行面洽			

(16) 16日，车间设计员赵若飞报销工艺设计费用2 800，并退回现金200元(见表3-30～表3-31)。

表 3-30

湖南增值税普通发票

4300123650　　　　　发 票 联　　　　No. 004661566

校验码：51569 24856 00550 05878　　　　　开票日期：2017年12月16日

购货单位	名　　称：长沙吉祥木业有限公司 纳税人识别号：945861497794412 地 址、电 话：湖南省长沙市锦园路18号 0731-8597776 开户行及账号：中国建设银行长沙锦园路支行 43091458647988	密码区	（略）

货物或应税劳务名称	规格型号	单位	数量	单价	金额	税率	税额
工艺设计费					2718.45	3%	81.55
合　　计					¥2718.45		¥81.55

价税合计（大写）	贰仟捌佰圆整	（小写）　¥2800.00

销货单位	名　　称：长沙工艺设计研究所 纳税人识别号：94526875236366 地 址、电 话：长沙市银盆西路99号 75664662 开户行及账号：中国银行长沙桐梓坡支行 43010269665249966	备注	

收款人：　　　　　复核：　　　　开票人：贺翔　　　　销货单位：（章）

表 3-31

收款收据

2017年12月16日

今收到：赵若飞					
交来：工艺设计费退款					
人民币 大写	贰佰元整			￥	200.00
收款人 签章	长沙吉祥木业有限公司 财务专用章	收款人	万湘	备注	

①交财务（自）

(17) 17 日，向湘西彩源涂料有限公司购进油漆 200 桶，单价 400 元，价税共计 90 400 元，以银行存款支付，材料尚在运输途中(见表 3-32)。

表 3-32

湖南增值税专用发票

4300111140　　　　　　　　发 票 联　　　　　　No.007516943

校验码：93631 05000 55178 52555　　　　　　　　开票日期 2017年12月17日

购 货 单 位	名　称： 长沙吉祥木业有限公司 纳税人识别号：945861497794412 地址、电话： 湖南省长沙市锦园路18号 0731-8597776 开户行及账号：中国建设银行长沙锦园路支行 43091458647	密 码 区	（略）			
货物或应税劳务名称	规格型号	单位	数量	单价	金额	税率	税额

货物或应税劳务名称	规格型号	单位	数量	单价	金额	税率	税额
油漆	环保清漆	桶	200	400.00	80000.00	13%	10400.00
合　计					￥80000.00		￥10400.00

价税合计（大写）	玖万零肆佰圆整		（小写）￥90400.00

销 货 单 位	名　称： 湘西彩源涂料有限公司 纳税人识别号：9056145695223 地址、电话： 吉首市黔阳东路445号 9216633 开户行及账号：华融湘江银行湘西分行营业部 8200268545636	备 注	

收款人：　　　　　复核：　　　　　开票人：付媛

第三联：发票联 购货方记账凭证

　(18) 19日，销售给长沙晴空百货有限公司木柜20组，单价6 200元，货款及增值税款暂未收到(见表3-33、表3-34)。

表 3-33

湖南增值税专用发票

4300111140

记　账　联

№.009621597

校验码：96633 00636 46512 65456

开票日期 2017年12月19日

购货单位	名　称：　长沙晴空百货有限公司 纳税人识别号：795166232295663 地址、电话：长沙市西二环1694号晴空商厦　0731-889622 开户行及帐号：长沙农商行梅溪湖支行 8911562133664	密 码 区	（略）

货物或应税劳务名称	规格型号	单位	数量	单价	金额	税率	税额
木柜		组	20	6200.00	124000.00	13%	16120.00
合　计					¥124000.00		¥16120.00

价税合计（大写）	壹拾肆万零壹佰贰拾元整	（小写）　¥140120.00

销货单位	名　称：　长沙吉祥木业有限公司 纳税人识别号：945861497794412 地址、电话：湖南省长沙市锦园路18号 0731-8597776 开户行及帐号：中国建设银行长沙锦园路支行 4309145864798	备 注	

收款人：　　　　　复核：　　　　　开票人：万湘　　　　　（章）

第一联：记账联　销货方记账凭证

表 3-34

产品出库单（第一联：存根）

出库日期：　　2017年12月19日　　　　　　　　　　编号：　20171219003

序号	客户名称	送货地点	产品类别	产品名称（规格、型号）	单位	出库数量	备注
1	晴空百货	西二环1694号晴空商厦	成品	木柜	组	20	

发货人签字：余新　　　　　　　　　　　　送（提）货经办人签字：宋波

(19) 20 日，向中国建设银行长沙锦园路支行借入短期借款 360 000 元存入银行，借款期限为 1 年，年利率为 9%(见表 3-35、表 3-36)。

表 3-35

中国建设银行湖南省分行借款借据（正本）

（7245科目）2017年12月20日　借据合同编号（2017）期建金流贷字第9214553号

借款人	长沙吉祥木业有限公司	还款帐号：43091458647988										备注：
		客户号：4309145864										
		贷款帐号：43091458647988001										
		系统合同号：L4309145864										

借款金额 （币别）	（大写） 人民币叁拾陆万圆整	千	百	￥	十	3	万	千 6	百 0	十 0	元 0	角 0	分 0

借款期限	1年	最后日期日	2018年12月19日		期　数		12期	
借款用途	企业流动资金贷款	还款方式（请打"√"）	✓分月付息到期还本					
月利率	7.5‰	选其一，不选项划	□到期本息一次还清					

借款人在此不可撤消地授权贵行将此笔借款直接付至以下帐户。
开户行：中国建设银行长沙锦园路支行　户名：长沙吉祥木业有限公司
帐号：43091458647988

信贷员意见：同意放款	科长/经理意见：同意放款	处长/行长意见：同意放款

（盖章：中国建设银行股份有限公司 锦园路支行 2017.12.20 业务受理(2)）

表 3-36

中国建设银行
China Construction Bank

进 账 单 （收账通知）　　3

2017年12月20日

收款人	全称	长沙吉祥木业有限公司	付款人	全称	长沙吉祥木业有限公司贷款户											
	账号	43091458647988		账号	43091458647988000											
	开户银行	长沙锦园路支行		开户银行	长沙锦园路支行											
金额	人民币：叁拾陆万圆整 （大写）				亿	千	百	十	万	千	百	十	元	角	分	
						￥	3	6	0	0	0	0	0	0	

票据种类	借据	票据张数	1	
票据号码	9214553			

（盖章：中国建设银行锦园路支行 2017.12.20 转讫(3)）

复核　　记账　　　　　　　　　　　收款人开户银行签章

(20) 20 日，所购板材与油漆均验收入库，并开出现金支票支付板材吊装费用 1 500 元(见表 3-37～表 3-39)。

表 3-37

中国建设银行
现金支票存根(湘)

支票号码：07922667

科目＿＿＿＿＿＿＿＿＿＿

对方科目＿＿＿＿＿＿＿＿

出票日期2017年12月20日

| 收款人：环通物流 |
| 金　额：￥1500.00 |
| 用　途：吊装费用 |

单位主管李舜熙　会计

（建行湖南安全公司 2017 印制）

表 3-38

入库单（记账凭证）　　第2017122033号

科目 [　　]　　年　月　日　　对方科目＿＿＿＿＿

名　称	单位	数　量	单　价	金　额	备注

二联入账凭证

附件　张

主管　　　　会计　　　　保管员　　　　经手人

表 3-39

(21) 22 日，收到湖南华盛贸易有限公司网银支付金额 120 000 元(见表 3-40)。

表 3-40

中国建设银行网上银行电子回单						
币别：	人民币	日期：	2017/12/22	凭证号：	95623233	交易流水号： 201712223665512
付款人	全　称	湖南华盛贸易有限公司		收款人	全　称	长沙吉祥木业有限公司
	账　号	43091451269951			账　号	43091458647988
	开户行	中国建设银行长沙叠彩路支行			开户行	中国建设银行长沙锦园路支行
大写金额	人民币壹拾贰万圆整			小写金额	120000.00	
用　途	商品款					
钞汇标志	钞户					
重要提示：电子回单可重复打印，如您已通过银行柜台取得相应纸质回单，请注意核对，勿重复记账。						
第 1 次补打。						

(22) 22 日，仓库发出板材 40 立方米，其中：木床耗用 10 立方米，木柜耗用 30 立方米(见表 3-41)。

表 3-41

发 料 单

领用部门：制造车间　　　　　领用日期：2017.12.22　　　　　　　　　　发料单号：001061

序号	品名	材料规格	单位	应发数量	实发数量	备注
1	板材	无漆松木	m³	10.00	10.00	木床组
2	板材	无漆松木	m³	30.00	30.00	木柜组
4						
5						
6						

制单：张霜　　　　　审核：何三友　　　　　仓管员：张霜　　　　　领料员：钟金

(23) 23 日，通过网上银行支付下年度《湖湘工艺》杂志费 500 元(见表 3-42、表 3-43)。

表 3-42

中国建设银行网上银行电子回单

币别：	人民币	日期：	2017/12/23	凭证号：	96556336	交易流水号：	2017122394662
付款人	全　称	长沙吉祥木业有限公司		收款人	全　称	《湖湘工艺》杂志社	
	账　号	43091458647988			账　号	96321665411232	
	开户行	中国建设银行长沙锦园路支行			开户行	中国农业银行芙蓉支行营业部	
大写金额	伍佰整			小写金额	500.00		
用　途	2018年订刊						
钞汇标志	钞户						
重要提示：电子回单可重复打印，如您已通过银行柜台取得相应纸质回单，请注意核对，勿重复记账。							
第 1 次补打。							

表 3-43

湖南增值税普通发票

4300123650

发 票 联

No. 009636323

校验码：51569 24856 00550 05878

开票日期：2017年12月23日

购货单位	名　　称：长沙吉祥木业有限公司 纳税人识别号：945861497794412 地址、电话：湖南省长沙市锦园路18号 0731-8597776 开户行及账号：中国建设银行长沙锦园路支行 43091458647988				密码区	（略）		
货物或应税劳务名称	规格型号	单位	数量	单价	金额	税率	税额
2018年《湖湘工艺》					485.44	3%	14.56
合　　　　计					¥485.44		¥14.56
价税合计（大写）　　伍佰圆整					（小写）　¥500.00		
销货单位	名　　称：《湖湘工艺》杂志社 纳税人识别号：46636369541423 地址、电话：长沙市中山南路12号A座1212 86612364 开户行及账号：中国农业银行芙蓉支行营业部 463216994569952				备注			

收款人：　　　　　　　复核：　　　　　开票人：汤晟　　　　　　销货单位：（章）

第三联：发票联 购货方记账凭证

(24) 23 日，开出转账支票向长沙复兴希望小学捐款 20 000 元(见表 3-44)。

表 3-44

中国建设银行
转账支票存根(湘)

支票号码：08098694

科目＿＿＿＿＿＿＿＿＿

对方科目＿＿＿＿＿＿＿

出票日期 2017 年 12 月 23 日

收款人：长沙复兴希望小学
金　额：￥20 000.00
用　途：捐赠款

单位主管 李舜熙　　会计

建行湖南发企公司 2017 印制

(25) 24 日，将收到的现金销售款 13 920 元存入银行(见表 3-45)。

表 3-45

中国建设银行　　　现金存款凭证
China Construction Bank

年　月　日　　湘A　№ 789623359662

存款人	全　称					
	账　号		款项来源			
	开户行		交款人			
金额大写人民币(本位币)				金额小写　RMB		
票　面	张　数	票　面	张　数	票　面	张　数	
100	139	10	2			

第一联

回单联

复核　　02526

175×100mm

中国建设银行股份有限公司
锦园路支行
2017.12.23
现金收讫　经办(2)

(26) 24 日，以现金支票支付车间机器修理费 1 000 元(见表 3-46、表 3-47)。

表 3-46

中国建设银行
现金支票存根（湘）

支票号码：07922668

科目＿＿＿＿＿＿＿

对方科目＿＿＿＿＿

出票日期　年　月　日

收款人：湖南大兴机械加工厂

金　额：￥1000.00

用　途：修理费

单位主管　　　会计

银行湖南支公司 2017 印制

表 3-47

湖南增值税专用发票

4300111140　　　　　　　　　　　　　　　　　　№. 000069466

校验码：93631 05000 55178 52555　　　　　　　　开票日期 2017年12月24日

购货单位	名　　称： 长沙吉祥木业有限公司					密码区	（略）			
	纳税人识别号： 945861497794412									
	地址、电话： 湖南省长沙市锦园路18号 0731-8597776									
	开户行及帐号： 中国建设银行长沙锦园路支行 43091458647									

货物或应税劳务名称	规格型号	单位	数量	单价	金额	税率	税额
修理费					884.96	13%	115.04
合　　计					¥884.96		¥115.04

价税合计（大写）	壹仟圆整	（小写） ¥1000.00

销货单位	名　　称： 湖南大兴机械加工厂	备注
	纳税人识别号： 94523365563234	
	地址、电话： 长沙市星沙街道东一路75号 8552136	
	开户行及帐号： 浦发银行开元支行 166998456963632	

收款人：　　　　　复核：　　　　　开票人： 刘渊　　　　　销货单位（章）

第三联：发票联 购货方记账凭证

(27) 25 日，仓库发出砂轮 8 个，均为精密锯床使用(见表 3-48)。

表 3-48

发　料　单

领用部门：制造车间　　　　　领用日期：2017.12.25　　　　　　　发料单号：001664

序号	品名	材料规格	单位	应发数量	实发数量	备注
1	砂轮	60mm	个	8.00	8.00	造型组
2						
3						
4						
5						
6						

制单：张霜　　　　　审核：何三友　　　　　仓管员：张霜　　　　　领料员：周庆

(28) 26日，销售部门领用包装箱20个(见表3-49)。

表3-49

发 料 单

领用部门：销售部　　　　领用日期：2017.12.26　　　　　　　　发料单号：001665

序号	品名	材料规格	单位	应发数量	实发数量	备注
1	包装箱	3*3*2m	个	20.00	20.00	打包用
2						
3						
4						
5						
6						

制单：张霜　　　　　审核：何三友　　　　　仓管员：张霜　　　　领料员：胡宇

(29) 26日，开出转账支票一张，用以支付所欠长沙如意五金器材有限公司款42 000元(见表3-50)。

表3-50

中国建设银行
转账支票存根(湘)

支票号码：08098561

科目＿＿＿＿＿＿＿＿

对方科目＿＿＿＿＿＿

出票日期2017年12月26日

收款人：长沙如意五金器材有限公司

金　额：￥42 000.00

用　途：货款

单位主管 李舜熙　会计

建行湖南安全公司 2017 印制

(30) 26日，售给长沙晴空百货有限公司木床26床，单价4 500元，货款及增值税尚未收到(见表3-51、表3-52)。

表 3-51

产品出库单（第一联：存根）

出库日期：　　2017年12月26日　　　　　　　　　　　　　编号：　20171226009

序号	客户名称	送货地点	产品类别	产品名称（规格、型号）	单位	出库数量	备注
1	晴空百货	西二环1694号晴空商厦	成品	木床	床	26	

发货人签字：余新　　　　　　　　　　　　送（提）货经办人签字：宋波

表 3-52

湖南增值税专用发票

4300111140　　　　　　　记账联　　　　　№ 009621599

校验码：36625 96462 65632 00071　　　　　　　开票日期 2017年12月26日

购货单位	名　称：长沙晴空百货有限公司 纳税人识别号：795166232295663 地址、电话：长沙市西二环1694号晴空商厦 0731-889622 开户行及帐号：长沙农商行梅溪湖支行 8911562133664	密码区	（略）

货物或应税劳务名称	规格型号	单位	数量	单价	金额	税率	税额
木床		床	26	4500.00	117000.00	13%	15210.00
合　计					¥117000.00		¥15210.00

价税合计（大写）　壹拾叁万贰仟贰佰壹拾圆整　　　　　（小写）¥132210.00

销货单位	名　称：长沙吉祥木业有限公司 纳税人识别号：945861497794412 地址、电话：湖南省长沙市锦园路18号 0731-8597776 开户行及帐号：中国建设银行长沙锦园路支行 4309145864798	备注	

收款人：　　　　复核：　　　　开票人：万湘　　　　　　　（章）

（第一联：记账联 销货方记账凭证）

(31) 29 日，仓库发出五金件 80 套，其中：木床耗用 25 套，木柜耗用 50 套，车间零星耗用 5 套(见表 3-53)。

表 3-53

发　料　单

领用部门：制造车间　　　　领用日期：2017.12.29　　　　　　发料单号：001799

序号	品名	材料规格	单位	应发数量	实发数量	备注
1	五金件		套	25.00	25.00	木床组
2	五金件		套	50.00	50.00	木柜组
3	五金件		套	5.00	5.00	装配组
4						
5						
6						

制单：张霜　　　　　审核：何三友　　　　　仓管员：张霜　　　　领料员：钟金

(32) 31 日，计算分配本月工资，其中木床生产工人工资 18 000 元，木柜生产工人工资 21 000 元，车间管理人员工资 11 000 元，企业管理人员工资 15 000 元，销售人员工资 13 000 元(见表 3-54)。

表 3-54

工资汇总表								
工资所属期间：2017年12月							单位：元	
部门人员类别		基本工资	岗位津贴	工龄工资	生活补助	应发合计	代扣个税	实发合计
部门名称	人员类别							
制造车间	木床组工人	12 000	4 000	1 000	1 000	18 000	660	17 346
	木柜组工人	14 500	4 500	1 000	1 000	21 000	830	20 170
	管理人员	8 000	1 000	500	1 500	11 000	260	10 740
行政管理部门		9 000	2 000	2 500	1 500	15 000	740	14 260
市场销售部门		10 000	800	700	1 500	13 000	660	12 340
合计		535 000	12 500	12 500	6 500	78 000	3 150	74 850

(33) 31 日，网银转账支付媒体广告费 3 000 元(见表 3-55、表 3-56)。

表 3-55

中国建设银行网上银行电子回单

币别	人民币	日期	2017/12/31	凭证号	986525662	交易流水号		20171231606652333
付款人	全　称	长沙吉祥木业有限公司		收款人	全　称	湖南广言传媒有限公司		
	账　号	43091458647988			账　号	8006112300669846		
	开户行	中国建设银行长沙锦园路支行			开户行	交通银行红星支行		
大写金额	叁仟圆整			小写金额	3000.00			
用　途	广告费							
钞汇标志	钞户							
重要提示：电子回单可重复打印，如您已通过银行柜台取得相应纸质回单，请注意核对，勿重复记账。								
第 1 次补打。								

表 3-56

湖南增值税专用发票

4300111140

校验码：87845 69941 05463 66200

发　票　联　　　　No. 005213366

开票日期：2017年12月31日

购货单位	名　称：长沙吉祥木业有限公司 纳税人识别号：945861497794412 地址、电话：湖南省长沙市锦园路18号 0731-8597776 开户行及账号：中国建设银行长沙锦园路支行 43091458647988				密码区	(略)		
货物或应税劳务名称	规格型号	单位	数量	单价	金额	税率	税额	
广告费					2830.19	6%	169.81	
合　　　计					¥2830.19		¥169.81	
价税合计（大写）	叁仟圆整				（小写）¥3000.00			
销货单位	名　称：湖南广言传媒有限公司 纳税人识别号：95972230062366 地址、电话：长沙市韶山南路35号中凯国际大厦2001 85521361 开户行及账号：交通银行红星支行 8006112300669846				备注			
收款人：		复核：		开票人：张富健		销货单位：（章）		

第三联：发票联　购货方记账凭证

(34) 31 日，银行自动扣缴车间及管理部门水费(见表 3-57～表 3-59)。

表 3-57

中国建设银行网上银行电子回单

币别：	人民币		日期：	2017-12-31	凭证号：	103646608	交易流水号：	20171231706612333
付款人	全　称		长沙吉祥木业有限公司		收款人	全　称	长沙市自来水有限公司城西分所	
	账　号		43091458647988			账　号	763366113541	
	开户行		中国建设银行长沙锦园路支行			开户行	长沙银行博林支行	
大写金额	叁仟陆佰肆拾圆整				小写金额	3640.00		
用　途	代扣水费							
钞汇标志	钞户							

重要提示：电子回单可重复打印，如您已通过银行柜台取得相应纸质回单，请注意核对，勿重复记账。

第 1 次补打。

表 3-58

湖南增值税普通发票

4300111140　　　　　　　　发票联　　　　　No. 095221623

校验码：94333 45252 00663 64560　　　　　　开票日期：2017年12月31日

购货单位	名　称：长沙吉祥木业有限公司 纳税人识别号：945861497794412 地址、电话：湖南省长沙市锦园路18号 0731-8597776 开户行及账号：中国建设银行长沙锦园路支行 43091458647988	密码区	(略)

货物或应税劳务名称	规格型号	单位	数量	单价	金额	税率	税额
水费					3533.98	3%	106.02
合　计					¥3533.98		¥106.02

价税合计（大写）	叁仟陆佰肆拾圆整	（小写）¥3640.00

销货单位	名　称：长沙市自来水有限公司城西分所 纳税人识别号：8612636651233 地址、电话：长沙市创业南路77号 84665130 开户行及账号：长沙银行博林支行 763366113541	备注	

收款人：　　　复核：　　　开票人：何飒　　　销货单位：（章）

第三联：发票联　购货方记账凭证

表 3-59

水费分配表

费用期间：2017年12月　　　　　　　　　　　　　　　　　　　　　　金额单位：元

使用部门	单位	耗用量	单价	金额	备注
制造车间	吨	748.58	3.398	2543.69	
管理部门	吨	291.43	3.398	990.29	
合计		1040.02		3533.98	

(35) 31日，银行自动扣缴车间及管理部门电费(见表 3-60～表 3-62)。

表 3-60

湖南增值税专用发票

4300111140　　　　　　　　　　　　　　　　　　　　　　　　　　　№.007965133

发票联

校验码：75332 06644 99669 97412　　　　　　　　　　　开票日期 2017年12月31日

购货单位	名　称： 长沙吉祥木业有限公司 纳税人识别号：945861497794412 地址、电话： 湖南省长沙市锦园路18号 0731-8597776 开户行及帐号：中国建设银行长沙锦园路支行 43091458647	密码区	（略）

货物或应税劳务名称	规格型号	单位	数量	单价	金额	税率	税额
电费					8589.74	13%	1116.67
合　计					￥8589.74		￥1116.67

价税合计（大写）	玖仟柒佰零陆圆肆角壹分整	（小写）￥9706.41

销货单位	名　称： 国家电网长沙城西供电局 纳税人识别号：9632336510030 地址、电话： 长沙市创业南路77号 84665130 开户行及帐号：长沙银行博林支行 763366113541	备注	

收款人：　　　　复核：　　　　开票人：张欣欣　　　　销货单位：（章）

第三联：发票联 购货方记账凭证

表 3-61

中国建设银行网上银行电子回单

币别	人民币	日期	2017/12/31	凭证号	103646620	交易流水号	20171231712665333

付款人	全称	长沙吉祥木业有限公司	收款人	全称	国家电网长沙城西供电局
	账号	43091458647988		账号	46632236641113
	开户行	中国建设银行长沙锦园路支行		开户行	中国银行长沙城西营业部

大写金额	玖仟柒佰零陆圆肆角壹分整	小写金额	9706.41

用途	代扣电费
钞汇标志	钞户

重要提示：电子回单可重复打印，如您已通过银行柜台取得相应纸质回单，请注意核对，勿重复记账。

第 1 次补打。

表 3-62

电费分配表

费用期间：2017年12月　　　　　　　　　　　　　　金额单位：元

使用部门	单位	耗用量	单价	金额	备注
制造车间	度	7959.40	0.8	6367.52	
管理部门	度	2777.78	0.8	2222.22	
合计		10737.18		8589.74	

(36) 31 日，银行扣除本月借款利息 900 元(见表 3-63)。

表 3-63

中国建设银行 China Construction Bank　进 账 单（付账通知）　2

2017年12月31日

收款人	全称	长沙吉祥木业有限公司贷款户	付款人	全称	长沙吉祥木业有限公司
	账号	43091458647988000		账号	43091458647988
	开户银行	长沙锦园路支行		开户银行	长沙锦园路支行

金额	人民币：玖佰整（大写）	亿 千 百 十 万 千 百 十 元 角 分 ￥ 9 0 0 0 0

票据种类	计息单	票据张数	1
票据号码	00123661		

复核　　记账　　　　　　　　　收款人开户银行签章

此联是付款人开户银行交给付款式人的付账通知

(37) 31 日，按应发职工工资计算本期代扣代缴的个人所得税 3 150 元(见表 3-64)。

表 3-64

工资汇总表

工资所属期间 2017年12月　　　　　　　　　　　　单位：元

部门名称	人员类别	基本工资	岗位津贴	工龄工资	生活补助	应发合计
制造车间	木床组工人	12 000	4 000	1 000	1 000	18 000
	木柜组工人	14 500	4 500	1 000	1 000	21 000
	管理人员	8 000	1 000	500	1 500	11 000
行政管理部门		9 000	2 000	2 500	1 500	15 000
市场销售部门		10 000	800	700	1 500	13 000
合计		53 500	12 300	5 700	6500	78 000

(38) 31 日，计提本月固定资产折旧，车间固定资产应提折旧 3 880 元，销售部门固定资产应提折旧 1 200 元(见表 3-65)。

表 3-65

固定资产折旧分配表

使用期间：2017年12月　　　　　　　　　　　金额单位：元

使用部门	设备名称	数量	原值	月折旧额	本月计提折旧额	备注
制造车间	精密锯床	5	75 000.00	680.00	680.00	
	数控机床	2	24 000.00	3 200.00	3 200.00	
销售部门	包装机	5	35 000.00	1 200.00	1 200.00	
合计			350 000.00	5 080.00	5 080.00	

(39) 31 日，结转本月份制造费用(按生产工人工时数分配)(见表 3-66)。

表 3-66

制造费用分配表

费用期间：2017年12月　　　　　　　　　　　金额单位：元

分配项目	待分配金额	生产工时量	分配金额	备注
木床		700		
木柜		1 300		
合计				

(40) 31 日，本月投入生产的木床 28 床、木柜产品 35 组，其中木床全部完工、木柜完工 30 组(见表 3-67)。

表 3-67

产品成本计算表

生产期间：2017年12月　　　　　　　　　　　　　　　　　　金额单位：元

产品项目	本期期初			本期投产			本期完工		
	数量	单位成本	金额	数量	单位成本	金额	数量	单位成本	金额
木床									
木柜									
合计									

(41) 31 日，结转已销木床、木柜的实际销售成本(见表 3-68)。

表 3-68

商品销售计算单

销售期间：2017年12月　　　　　　　　　　　　　　　　　　金额单位：元

产品项目	本期结存			本期完工			本期售出		
	数量	单位成本	金额	数量	单位成本	金额	数量	单位成本	金额
木床									
木柜									
合计									

(42) 31 日，结转本月应交增值税(见表 3-69)。

表 3-69

应交增值税计算表

纳税期间：2017年12月　　　　　　　　　　　　　　　　　　金额单位：元

期初留抵税额	加：本期进项税额	减：本期销项税额	减：本期进项税额转出	加：本期已交增值税	本期应纳税额

注：本期应纳税额负数为应缴金额，正数为本期留抵税额

(43) 31 日，计提本月税金及附加(见表 3-70)。

表 3-70

税金及附加计算表

税费期间：2017年12月 　　　　　　　　　　　　　　　　　　　金额单位：元

税费名称	计算基数	适用税率	本期应纳税额
城市维护建设税			
教育费附加			
合计			

(44) 31 日，结转有关损益类账户，计算本月实现利润总额。

(45) 31 日，按 25％税率计算本月应缴纳的所得税(见表 3-71)。

表 3-71

所得税费用计算表

税费期间 2017年12月 　　　　　　　　　　　　　　　　　　　金额单位：元

项目	金额
营业收入	
减：营业成本	
税金及附加	
销售费用	
管理费用	
财务费用	
资产减值损失	
投资损失	
公允价值变动损失	
营业外支出	
加：投资收益	
公允价值变动收益	
营业外收入	
利润总额	
所得税费用	

(46) 31 日，所得税费用转入"本年利润"。

(47) 31 日，结转"本年利润"。

(48) 31 日，按全年税后利润 10％提取法定盈余公积(见表 3-72)。

表 3-72

盈余公积计算表

计算期间：2017年 　　　　　　　　　　　　　　　　　　　金额单位：元

项目	金额
净利润	
减：弥补企业以前年度亏损	
计提盈余公积基数	
本期应提取法定盈余公积	

(49) 31 日，按照股东会议决议，应向投资者分配现金股利，尚未支付(见表 3-73)。

表 3-73

应付股利计算表

计算期间：2017年   金额单位：元

项目	金额
净利润	
减：弥补企业以前年度亏损	
分配现金股利基数	
本期应分配现金股利	

(50) 31 日，结转上述有关利润分配的明细分类账户(见表 3-74~表 7-76)。

表 3-74

科 目 汇 总 表

编制单位：   汇总凭证：

2017年 12 月 1 日至 31 日   科汇第 号

会 计 科 目	本 期 发 生 额		记账(√)
	借 方	贷 方	
合　计			

表 3-75

资 产 负 债 表　　　　　　　　　　　会企 01 表

编制单位：　　　　　　　　　　　　　年　　月　　日　　　　　　　　　　　单位：元

资产	行次	期末余额	年初余额	负债和所有者权益	行次	期末余额	年初余额
流动资产：				流动负债：			
货币资金	1			短期借款	32		
以公允价值计量且其变动计入当期损益的金融资产	2			以公允价值计量且其变动计入当期损益的金融负债	33		
应收票据	3			应付票据	34		
应收账款	4			应付账款	35		
预付账款	5			预收款项	36		
应收利息	6			应付职工薪酬	37		
应收股利	7			应交税费	38		
其他应收款	8			应付利息	39		
存货	9			应付股利	40		
一年内到期的非流动资产	10			其他应付款	41		
其他流动资产	11			一年内到期的非流动负债	42		
流动资产合计	12			其他流动负债	43		
				流动负债合计	44		
非流动资产：				非流动负债：			
可供出售金融资产	13			长期借款	45		
持有至到期投资	14			应付债券	46		
长期应收款	15			长期应付款	47		
长期股权投资	16			专项应付款	48		
投资性房地产	17			预计负债	49		
固定资产	18			递延收益	50		
在建工程	19			递延所得税负债	51		
工程物资	20			其他非流动负债	52		
固定资产清理	21			非流动负债合计	53		
生产性生物资产	22			负债合计	54		
油气资产	23			所有者权益：			
无形资产	24			实收资本（或股本）	55		
开发支出	25			资本公积	56		
商誉	26			减:库存股	57		
长期待摊费用	27			其他综合收益	58		
递延所得税资产	28			盈余公积	59		
其他非流动资产	29			未分配利润	60		
非流动资产合计	30			所有者权益合计	61		
资产总计	31			负债和所有者权益总计	62		

表 3-76

利 润 表

会企 02 表

编制单位： 年 月 单位：元

项目	行次	本年累计金额	本期金额
一、营业收入	1		
减：营业成本	2		
税金及附加	3		
销售费用	4		
管理费用	5		
财务费用	6		
资产减值损失	7		
加：公允价值变动收益(损失以"－"号填列)	8		
投资收益(损失以"－"号填列)	9		
其中：对联营企业和合营企业的投资收益	10		
二、营业利润(亏损以"－"号填列)	11		
加：营业外收入	12		
其中：非流动资产处置利得	13		
减：营业外支出	14		
其中：非流动资产处置损失	15		
三、利润总额(亏损总额以"－"号填列)	16		
减：所得税费用	17		
四、净利润(净亏损以"－"号填列)	18		
五、其他综合收益的税后净额	19		
(一) 以后不能重分类进损益的其他综合收益	20		
1. 重新计量设定收益计划净负债或净资产的变动	21		
2. 权益法下在被投资单位不能重分类进损益的其他综合收益中享有的份额	22		
(二) 以后将重分类进损益的其他综合收益	23		
1. 权益法下在被投资单位以后将重分类进损益的其他综合收益中享有的份额	24		
2. 可供出售金融资产公允价值变动损益	25		
3. 持有至到期投资重分类可供出售金融资产损益	26		
4. 现金流经套期损益的有效部分	27		
5. 外币财务报表折算差额	28		
六、综合收益总额	29		
七、每股收益	30		
(一) 基本每股收益	31		
(二) 稀释每股收益	32		

附　　录

附录1　基础会计测试题

基础会计测试题(一)

一、单项选择题(每题1分,共15分)

1. 在我国会计法规制度体系中,属于最高层次地位的是(　　)。
A. 《会计法》　　　　　　　　B. 《企业会计准则》
C. 《企业财务通则》　　　　　D. 《企业会计制度》

2. 对会计对象的具体内容分类进行核算的方法是(　　)。
A. 设置会计科目　　　　　　　B. 复式记账
C. 登记账簿　　　　　　　　　D. 会计科目

基础会计测试题(一)答案

3. 会计循环的顺序是(　　)。
A. 填制和审核凭证→编制会计报表→登记账簿
B. 编制会计报表→登记账簿→填制和审核凭证
C. 填制和审核凭证→登记账簿→编制会计报表
D. 登记账簿→填制和审核凭证→编制会计报表

4. 下列不属于盘存账户的是(　　)。
A. 固定资产　　　　　　　　　B. 库存现金
C. 应收账款　　　　　　　　　D. 库存商品

5. 出纳人员付出货币资金的依据是(　　)。
A. 收款凭证　　　　　　　　　B. 原始凭证
C. 转账凭证　　　　　　　　　D. 付款凭证

6. 记账凭证中没有的项目是(　　)。
A. 凭证的联次　　　　　　　　B. 凭证的名称
C. 填制日期　　　　　　　　　D. 凭证的编号

7. 材料明细账账页的格式应采用(　　)。
A. 三栏式　　　　　　　　　　B. 数量金额式
C. 借方多栏式　　　　　　　　D. 贷方多栏式

8. 某企业银行存款日记账余额56 000元,银行已收企业未收款项10 000元,企业已付银行未付款项2 000元,银行已付企业未付款项8 000元,调节后的银行存款余额是(　　)。
A. 58 000元　　　　　　　　　B. 54 000元
C. 62 000元　　　　　　　　　D. 56 000元

9. 汇总记账凭证账务处理程序适用于(　　)。
A. 规模较小、业务较多的单位　　B. 规模较小、业务较少的单位

C. 规模较大、业务较多的单位　　　　D. 规模较大、业务较少的单位

10. 下列不是记账凭证账务处理程序优点的是(　　)。

A. 账务处理程序简单明了　　　　　　B. 账务处理程序手续简便

C. 账务处理程序便于分析和检查　　　D. 账务处理程序工作量较小

11. 财产清查的目的是为了达到(　　)。

A. 账表相符　　　　　　　　　　　　B. 账实相符

C. 账账相符　　　　　　　　　　　　D. 账证相符

12. 企业清查库存现金时，发现盘盈库存现金 800 元，在查明原因前，应借记的会计科目是(　　)。

A. 管理费用　　　　　　　　　　　　B. 财务费用

C. 营业外支出　　　　　　　　　　　D. 待处理财产损益

13. 某企业期末流动资产 100 万元，其中存货 12 万元，流动负债 80 万元，速动比率是(　　)。

A. 1.1：1　　　　　　　　　　　　　B. 1.25：1

C. 1.4：1　　　　　　　　　　　　　D. 1.5：1

14. 利润表是反映企业在一定时期内(　　)的报表。

A. 经营成果及其分配情况　　　　　　B. 财务状况和盈利能力

C. 营业利润、利润总额　　　　　　　D. 营业收入、营业利润、利润分配

15. 在我国，会计工作的主管行政部门是(　　)。

A. 国务院财政部　　　　　　　　　　B. 中央政府

C. 会计协会　　　　　　　　　　　　D. 税务总局

二、多项选择题(每题有两个或两个以上正确答案，每题 2 分，共 20 分)

1. 根据权责发生制原则，下列各项属本年度收入的有(　　)。

A. 本年度销售产品一批，货款下年初结算

B. 收到上年度所销产品的货款

C. 上年度已预收货款，本年度发出产品

D. 本年度出租厂房，租金已于上年预收

E. 本年度销售产品一批，货款收到存入银行

2. 下列账户属于所有者权益类的有(　　)。

A. 应收账款　　　B. 应付账款　　　C. 实收资本　　　D. 盈余公积

3. 在借贷记账法下，账户贷方登记的内容是(　　)。

A. 资产及收入的增加　　　　　　　　B. 资产及费用的减少

C. 负债及所有者权益的增加　　　　　D. 负债及所有者权益的减少

E. 资产及收入的减少

4. 债权债务结算账户的特点有(　　)。

A. 属于双重性质的账户

B. 借方登记债权的增加额和债务的减少额

C. 贷方登记债务的增加额和债权的减少额

D. 期末余额在借方表示尚未收回的债权净额

E. 期末余额在贷方表示尚未偿还的债务净额

5. 原始凭证的基本内容包括(　　)。

A. 填制单位的名称　　　　　　　　B. 原始凭证的名称

C. 填写凭证的日期　　　　　　　　D. 经办人签名或盖章

E. 经济业务的内容摘要

6. 账簿按其用途分类，可以分为(　　)。

A. 日记账簿　　　　　　　　　　　B. 订本式账簿

C. 分类账簿　　　　　　　　　　　D. 备查账簿

7. 总分类账户试算平衡表中的平衡关系有(　　)。

A. 期初借方余额合计＋本期借方发生额合计－本期贷方发生额合计＝期末借方余额合计

B. 期初贷方余额合计＋本期借方发生额合计－本期贷方发生额合计＝期末贷方余额合计

C. 期初借方余额合计＝期初贷方余额合计

D. 本期借方发生额合计＝本期贷方发生额合计

E. 期末借方余额合计＝期末贷方余额合计

8. 科目汇总表的作用有(　　)。

A. 减少总分类账的登记工作　　　　B. 进行总账登记前的试算平衡

C. 反映经济业务的来龙去脉　　　　D. 反映账户的对应关系

E. 反映经济业务是否合法

9. 下列项目中，属于存货清查方法的有(　　)。

A. 实地盘点法　　　　　　　　　　B. 永续盘存制

C. 函证核对法　　　　　　　　　　D. 技术推算法

E. 抽样盘存法

10. 资产负债表属于(　　)。

A. 月份会计报表　　　　　　　　　B. 单位会计报表

C. 对外报送的会计报表　　　　　　D. 反映财务状况的会计报表

E. 反映财务成果的会计报表

三、简答题(每题5分，共10分)

1. 简述财务报告的内容。

2. 谈谈你对会计确认的理解。

四、填表题(共 5 分)

甲公司 2008 年 3 月 31 日银行存款日记账的账面余额为 54 000 元,银行转来对账单的余额为 83 000 元。经逐笔核对,发现以下未达账项:

(1) 企业送存转账支票 60 000 元,并已登记银行存款增加,但银行尚未记账。

(2) 企业开出转账支票 45 000 元,但持票单位尚未到银行办理转账,银行尚未记账。

(3)企业委托银行代收某公司购货款 48 000 元,银行已收妥并登记入账,但企业尚未收到收款通知,尚未记账。

(4) 银行代企业支付电话费 4 000 元,银行已登记企业银行存款减少,但企业未收到银行付款通知,尚未记账。

根据上述资料,编制"银行存款余额调节表"。

附表 1-1 "银行存款余额调节表"见下表。

项 目	金 额	项 目	金 额
企业银行存款日记账余额		银行对账单余额	
加:银行已收、企业未收		加:企业已收、银行未收款	
减:银行已付、企业未付		减:企业已付、银行未付款	
调节后的存款余额		调节后的存款余额	

五、综合题(共 50 分)

根据所给的经济业务编制会计分录。

1. 企业出租包装物收到现金(租金)900 元。

2. 企业以银行汇票支付采购材料价款 20 000 元,增值税额 3 400 元。材料以实际成本核算,材料已经入库。

3. 甲公司材料采用计划成本核算,该公司购入材料一批,货款 300 000 元,增值税额 51 000 元,发票账单已收到,计划成本为 290 000 元,材料已验收入库,全部款项以银行存款支付。编制收到结算凭证、材料验收入库和结转差异的会计分录。

4. 某企业购入不需要安装的设备一台,价款 30 000 元,支付的增值税 5 100 元,另支付运输费 300 元，包装费 500 元，款项均以银行存款支付。

5. 根据"固定资产折旧计算表"，本月固定资产共计折旧 35 000 元，其中，生产车间的固定资产折旧 23 000 元，管理部门的固定资产折旧 12 000 元。

6. 某企业根据"工资结算汇总表"结算本月应付工资总额 560 000 元，代扣企业代垫的职工医药费 60 000 元，实发工资 500 000 元。要求做出向银行提取现金、发放工资、代扣款项的会计分录。

7. 某企业从 2005 年末开始采用备抵法核算坏账损失。提取坏账准备比例为 5%。当年应收账款账面余额为借方 800 000 元；2006 年核销坏账损失 60 000 元，2006 年末应收账款账面余额为 1 400 000 元；2007 年重新收回以往已核销坏账 20 000 元，2007 年末应收账款账面余额为 200 000 元。

要求：

(1) 计算 2005—2007 年各年末应提(冲减)坏账准备的金额。

(2) 编制提取坏账准备、核销坏账损失、重新收回坏账的会计分录。(按时间顺序编制)

8. 甲公司 2007 年度的有关资料如下：

(1) 年初未分配利润为 1 000 000 元，本年净利润为 2 580 000 元。按税后利润的 10% 和 5%提取法定盈余公积和法定公益金。

(2) 提取任意盈余公积 100 000 元。

(3) 向投资者宣告分派现金股利 400 000 元。

要求：

(1) 编制甲公司提取法定盈余公积和法定公益金的会计分录。

(2) 编制甲公司提取任意盈余公积的会计分录。

(3) 编制甲公司向投资者宣告分派现金股利的会计分录。

(4) 计算年末未分配利润。

("利润分配""盈余公积"科目需要写出二级明细科目。)

基础会计测试题(二)

一、单项选择题(每题 1 分，共 15 分)

1. 在会计核算的一般原则中，要求会计指标口径一致，以便于不同企业之间进行横向比较的会计原则是(　　)。

A. 一贯性原则　　　　　　　　B. 可比性原则

C. 配比原则　　　　　　　　　D. 权责发生制原则

2. 期初和期末余额均在借方的账户，一般属于(　　)。

A. 资产类账户　　　　　　　　B. 负债类账户

C. 所有者权益类账户　　　　　D. 收入类账户

基础会计测试题(二)答案

3. 下列经济业务的发生不会使会计等式两边总额发生变化的有(　　)。

A. 用银行存款支付前欠购料款　　　B. 从银行提取现金

C. 向银行取得借款存入银行　　　　D. 收到预收账款存入银行

4. 某公司 10 月初账户余额：在产品 4 000 元，产成品 38 000 元。10 月份发生的直接材料、直接人工、制造费用 45 000 元，完工产品 42 000 元，发出产成品 40 000 元，盘盈产成品 2 000 元。10 月末产成品账户余额是(　　)。

A. 40 000 元　　　B. 42 000 元　　　C. 7 000 元　　　D. 38 000 元

5. 下列属于资产类账户的是(　　)。

A. 应收票据　　　　　　　　　　B. 应付票据

C. 实收资本　　　　　　　　　　D. 长期借款

6. 记账以后，发现据以登账的记账凭证中将 800 元误写为 8 000 元，应采用更正错误的方法是(　　)。

A. 红字更正法　　　　　　　　　B. 补充登记法

C. 差额计算法　　　　　　　　　D. 划线更正法

7. 下列不是原始凭证审核的内容的是(　　)。

A. 真实性审核　　　　　　　　　B. 合法性审核

C. 完整性审核　　　　　　　　　D. 对比性审核

8. 固定资产明细账应采用(　　)。

A. 活页账　　　　　　　　　　　B. 备查账

C. 订本账　　　　　　　　　　　D. 卡片账

9. 登记账簿的依据(　　)。

A. 经济合同　　　　　　　　　　B. 原始单据

C. 记账凭证　　　　　　　　　　D. 会计分录

10. 下列哪项不是我国通常采用的账务处理程序(　　)。

A. 普通日记账账务处理程序　　　B. 多栏式日记账账务处理程序

C. 汇总记账凭证账务处理程序　　D. 记账凭证账务处理程序

11. 各种账务处理程序的主要区别是(　　)。

A. 填制会计凭证的依据和方法不同　B. 设置日记账的格式不同

C. 登记总账的依据和方法不同　　D. 登记明细账的依据和方法不同

12. 对委托加工的存货应采用的清查方法是(　　)。

A. 实地盘点法　　　　　　　　　B. 技术推算法

C. 抽样盘存法　　　　　　　　　D. 函证核对法

13. 对库存现金应采用的清查方法是(　　)。

A. 实地盘点法　　　　　　　　　B. 技术推算法

C. 抽样盘存法　　　　　　　　　D. 函证核对法

14. 下列项目中，属于静态报表的是(　　)。

A. 资产负债表　　　　　　　　　B. 利润表

C. 利润分配表　　　　　　　　　D. 现金流量表

15. 在全国范围内有效，进入会计岗位的证书是(　　)。

A. 初级会计师证书　　　　　　　B. 中级会计师证书

C. 会计从业资格证书　　　　　　　　　D. 注册会计师证书

二、多项选择题(每题有两个或两个以上正确答案，每题 2 分，共20 分)

1. 关于会计要素的表述，下列正确的有(　　)。

A. 资产、负债、利润是反映财务状况的要素

B. 收入、费用、利润是反映财务状况的要素

C. 资产、负债、所有者权益是反映财务状况的要素

D. 收入、费用、所有者权益是反映经营成果的要素

E. 收入、费用、利润是反映经营成果的要素

2. 计提固定资产折旧时，与"累计折旧"账户对应的账户为(　　)。

A. 生产成本　　　　　　B. 制造费用

C. 管理费用　　　　　　D. 固定资产　　　　　E. 银行存款

3. 某工业企业采购 A、B 两种材料，下列采购支出属于直接费用的有(　　)。

A. 两种材料的运费　　　　　　　　　B. A 材料的买价

C. 两种材料的装卸费　　　　　　　　D. B 材料的买价

E. 两种材料入库前的挑选整理费

4. 期间费用一般包括(　　)。

A. 财务费用　　　　　　　　　　　　B. 管理费用

C. 销售费用　　　　　　　　　　　　D. 制造费用

5. 记账凭证按其所反映经济业务的内容不同，可分为(　　)。

A. 通用记账凭证　　　　　　　　　　B. 收款凭证

C. 付款凭证　　　　　　　　　　　　D. 转账凭证

E. 汇总记账凭证

6. 账簿按其外表形式可分为(　　)。

A. 多栏式　　　B. 三栏式　　　C. 订本式　　　D. 活页式　　　E. 卡片式

7. 总分类账户和明细分类账户平行登记的要点有(　　)。

A. 登记的依据相同　　　　　　　　　B. 登记的时间相同

C. 登记的方向相反　　　　　　　　　D. 登记的金额相同

E. 登记的要求相反

8. 财务报表的使用者包括(　　)。

A. 债权人　　　　　　　B. 企业内部管理层　　　　　　C. 投资者

D. 潜在的投资者　　　　E. 国家政府部门

9. 会计报表的编制必须做到(　　)。

A. 数字真实　　　　　　　　　　　　B. 计算准确

C. 内容完整　　　　　　　　　　　　D. 编报及时

10. 根据《会计基础工作规范》的规定，下列各项属于会计人员职业道德范畴的有(　　)。

A. 爱岗敬业　　　　　　　　　　　　B. 熟悉法规

C. 依法办事　　　　　　　　　D. 客观公正

E. 小心谨慎

三、简答题(每题 5 分，共 10 分)

1. 简述设置账簿的原则。

2. 记账凭证账务处理程序的优缺点。

四、计算题(共 10 分)

某企业 2008 年 8 月 1 日资产总额为 100 万元，所有者权益总额为 40 万元。8 月份发生下列经济业务：

(1) 从银行取得期限为 6 个月的借款 5 万元，存入银行。

(2) 收到 A 单位投入新设备一台，价值 8 万元，交付生产使用。

(3) 购入新机器一台，价值 7 万元，以银行存款支付，交付生产使用。

(4) 从银行取得期限为 3 个月的借款 12 万元，直接偿还前欠 B 单位货款。

(5) 经批准，将资本公积金 6 万元转增资本金。

(6) 经研究决定，企业应向投资者分配利润 3 万元。

要求：根据上述资料列式计算该企业 8 月 31 日的资产总额和负债总额。

五、综合题(共 45 分)

某企业 1 月份发生经济业务(进销价均为含税价,增值税率 17%)如下:

(1) 5 日,购入甲材料 11 700 元,货款尚未支付,材料已验收入库;

(2) 9 日,收回购货单位前欠货款 20 000 元,存入银行;

(3) 7 日,领用甲材料 28 000 元,其中用于 A 产品生产 11 000 元,B 产品生产 5 000 元,4 000 元用于车间一般消耗,其余用于行政管理部门;

(4) 8 日,购入需要安装的机器一台,用银行存款支付款项 200 000 元,用现金支付运费 500 元,安装费 1 500 元,安装完毕后投入使用;

(5) 职工张三出差预借差旅费 2 000 元,用现金支付;

(6) 职工张三报销差旅费 2 500 元,不足部分用现金补付;

(7) 以银行存款支付本月水电费 2 400 元,其中车间耗用 2 000 元,管理部门耗用 400 元;

(8) 以现金购买办公用品 800 元;

(9) 从银行提取现金 8 000 元,准备发放工资;

(10) 计算分配职工工资,生产 A 产品工人 3 000 元,生产 B 产品工人 2 000 元,车间管理部门人员 2 000 元,行政管理人员 1 000 元;

(11) 收到客户预付货款 50 000 元;

(12) 发出 A 商品,开出增值税发票,价款 58 500 元;

(13) 收到补付的货款存入银行;

(14) 固定资产计提折旧 3 000 元,其中机器设备 2 000 元,办公楼 1 000 元;

(15) 李斯违反操作,罚款 100 元;

(16) 从银行取得借款 200 000 元,期限 3 年,年利率 12%,利息按月提取,到期支付;

(17) 以现金支付销售产品运费及包装费 1 000 元;

(18) 预提本月借款利息;

(19) 制造费用按生产工人的工资比例分配,期末产品全部完工验收入库;

(20) 计算本月应交消费税金 500 元;

(21) 结转本月销售 A 产品成本 15 000 元;

(22) 库存 D 产品账面结存数量 2 000 件,单位成本 35 元,金额 70 000 元。实存 1 985 件,盘亏 15 件,价值 525 元。经查明系保管人员过失所致,经批准责令赔偿;

(23) 销售暂时不用的成本为 2 000 元的甲材料,取得款项 2 300 元,存入银行(不考虑增值税);

(24) 结转并计算本年利润;

(25) 按利润总额的 25%计算应交所得税;

(26) 按税后利润的 10%提取盈余公积,20%分给投资者。

要求:

根据上述资料编制相应会计分录(要有明细科目及必要的计算过程)。

基础会计测试题(三)

一、单项选择题(每题1分，共15分)

1. 会计主体假设规定了会计核算的(　　)。
A. 时间范围　　　　　　B. 空间范围
C. 期间费用范围　　　　D. 成本开支范围

2. 每个账户中各项金额的关系可表示为(　　)。
A. 左方发生额的合计数＝右方发生额的合计数
B. 当期期末余额＝当期期初余额
C. 期初余额＝期末余额－本期减少数＋本期增加数
D. 本期增加数＝期末余额＋本期减少数－期初余额

3. 下列项目中属于营业外收入的有(　　)。
A. 出售废料收入　　　　　　　　　B. 主营业务收入
C. 出租固定资产的收入　　　　　　D. 固定资产盘盈

4. 下列账户中，既属于结算账户，又属于负债类账户的是(　　)。
A. 预收账款　　B. 应收票据　　　　C. 预付账款　　D. 应收账款

5. 限额领料单按其填制的方法属于(　　)。
A. 一次原始凭证　　　　　　　　　B. 汇总原始凭证
C. 计算原始凭证　　　　　　　　　D. 累计原始凭证

6. 下列不是填制原始凭证要求的是(　　)。
A. 记录真实　　　　　　　　　　　B. 内容完整
C. 手续完备　　　　　　　　　　　D. 语言流畅

7. 下列是特种日记账的是(　　)。
A. 现金日记账　　　　　　　　　　B. 固定资产日记账
C. 半成品日记账　　　　　　　　　D. 产成品日记账

8. 下列不是对账要求核对的是(　　)。
A. 账证核对　　　　　　　　　　　B. 账账核对
C. 明细账核对　　　　　　　　　　D. 账实核对

9. 科目汇总表账务处理程序与汇总记账凭证账务处理程序的共同点是(　　)。
A. 保持科目之间的对应关系　　　　B. 总括反应同类经济业务
C. 简化总分类账登记工作　　　　　D. 进行发生额试算平衡

10. 在汇总记账凭证账务处理程序下，总分类账账页的格式一般采用(　　)。
A. 数量金额式　　B. 三栏式　　　　C. 两栏式　　　D. 多栏式

11. 对固定资产应采用的清查方法是(　　)。
A. 实地盘点法　　　　　　　　　　B. 技术推算法
C. 抽样盘存法　　　　　　　　　　D. 函证核对法

12. 财产物资的盘亏是指(　　)。

A. 账存数小于实存数　　　　　　　B. 实存数小于账存数

C. 由于记账差错少记的金额　　　　D. 由于记账差错多记的金额

13. 利润表编制的理论依据是(　　)。

A. 资产＝负债＋所有者权益

B. 利润＝收入－费用

C. 资产＝负债＋所有者权益＋(收入－费用)

D. 资产＝负债＋所有者权益＋净收益

14. 下列属于按财务报表的编制主体分类的是(　　)。

A. 个别财务报表　　　　　　　　　B. 单位财务报表

C. 经营成果报表　　　　　　　　　D. 动态报表

15. 会计工作的管理体制是(　　)。

A. 统一领导，统一管理　　　　　　B. 分级领导，分级管理

C. 统一领导，分级管理　　　　　　D. 分级领导，统一管理

二、多项选择题(每题有两个或两个以上正确答案，每题2分，共20分)

1. 在会计核算方法体系中，就其工作程序和过程而言，主要环节有(　　)。

A. 复式记账　　　　　　　　　　　B. 登记账簿

C. 编制会计报表　　　　　　　　　D. 填制和审核凭证

E. 设置会计科目和账户

2. 会计基本等式是下列哪些会计核算方法的理论依据(　　)。

A. 设置账户　　　　　　　　　　　B. 复试记账

C. 编制会计报表　　　　　　　　　D. 登记账簿

E. 成本计算

3. 构成产品成本的费用有(　　)。

A. 直接材料　　　　　　　　　　　B. 直接人工

C. 制造费用　　　　　　　　　　　D. 管理费用

4. 下列错误中哪些不能通过试算平衡发现(　　)。

A. 某项经济业务未登记入账

B. 借贷双方同时多记了相等的金额

C. 应借应贷的账户中借贷方向记反

D. 只登记借方金额，未登记贷方金额

5. 下列关于"银行存款余额调节表"的表述中，正确的有(　　)。

A. 属于原始凭证

B. 只起对账的作用

C. 可据以调整银行存款日记账的记录

D. 编制的目的是检查账簿记录的正确性

E. 调整后的余额相等，说明双方记账正确无误

6. 结账就是在会计期末计算并结转各账户的(　　)。

A. 本期发生额　　　　　　　　　　B. 期末余额

C. 期初余额　　　　　　　　　　　D. 本期借方发生额

7. 总分类账户和明细分类账户的关系是(　　)。

A. 总分类账户提供总括核算资料、明细分类账户提供详细核算资料

B. 总分类账户统驭、控制明细分类账户

C. 总分类账户和明细分类账户平行登记

D. 所有账户必须设置明细分类账户

E. 明细分类账户补充说明与其相关的总分类账户

8. 财产清查的结果有(　　)。

A. 账实一致　　　B. 盘盈　　　C. 盘亏　　　D. 账账一致

9. 现金流量表的现金包括(　　)。

A. 企业的库存现金　　　　　　　B. 不能提前支取的定期存款

C. 银行本票存款　　　　　　　　D. 短期持有(不超过三个月)的企业债券

E. 商业汇票

10. 会计人员应具备的素质有(　　)。

A. 政治素质　　　B. 文化素质　　　C. 业务素质　　　D. 心理素质

三、简答题(每题 5 分，共 10 分)

1. 简述会计的含义。

2. 简述会计科目和账户的关系。

四、填表题(共 10 分)

某企业有关账户的资料如下:

附表 1-2　　　　　　　　　　　　　　　　　　　　　　　　　　　　　　　单位：元

账户名称	期初余额	本期增加发生额	本期减少发生额	期末余额
银行存款	347 500	(　　)	230 000	468 000
短期借款	(　　)	180 000	50 000	190 000
固定资产	650 000	65 000	(　　)	685 000
应付账款	47 000	12 000	21 000	(　　)
累计折旧	(　　)	5 000	500	45 000
实收资本	(　　)	30 000	0	880 000

要求:

(1) 根据上述资料计算每个账户的未知数额并填入表中。

(2) 按账户发生额试算平衡法进行试算平衡(列出计算过程)。

五、综合题(共 45 分)

根据以下经济业务编制会计分录(列出必要的明细科目):

(1) 向大华工厂购买甲材料 20 000 元；乙材料 25 000 元,增值税进项税额为 7 200 元,款项尚未支付。

(2) 用银行存款支付上述甲、乙材料的运费 900 元,按两种材料的买价比例分摊。两种材料均已验收入库,结转其实际成本。

(3) 仓库发出材料一批:生产 A 产品耗用甲材料 15 000 元,生产 B 产品耗用乙材料 20 000 元,车间一般性耗用甲材料 4 000 元,厂部耗用乙材料 1 000 元。

(4) 结算本月应付工资 58 000 元,其中 A 产品生产工人工资 16 000 元,B 产品生产工人工资 30 000 元,车间管理人员工资 4 000 元,厂部人员工资 8 000 元。

(5) 按上述工资总额的 14%计提福利费。

(6) 计提本月固定资产折旧 5 000 元,其中车间 2 440 元,厂部 2 560 元。

(7) 预提应由本月负担的车间用固定资产修理费 1 000 元。

(8) 计算并结转本月制造费用(按产品生产工时分配,A 产品 5 000 工时,B 产品 7 000 工时)。

(9) 本月 A 产品完工 60 000 元,已验收入库,结转其完工成本。

(10) 经审批,上月盘亏的甲材料 100 元,属仓库保管员保管不当造成,责令其赔偿。

(11) 本月销售 A 产品 50 000 元,增值税销项税额 8 000 元,款未收。

(12) 结转已销 A 产品成本 35 000 元。

(13) 用存款预付下个年度的财产保险费 2 400 元。

(14) 本月实现利润 155 000 元,按 25%的税率计算所得税,并结转所得税。

(15) 按税后利润的 10%计提法定盈余公积。

附录2　关于调整增值税税率的通知

财政部　税务总局
财税〔2018〕32号

各省、自治区、直辖市、计划单列市财政厅(局)、国家税务局、地方税务局，新疆生产建设兵团财政局：

为完善增值税制度，现将调整增值税税率有关政策通知如下：

一、纳税人发生增值税应税销售行为或者进口货物，原适用17%和11%税率的，税率分别调整为16%、10%。

二、纳税人购进农产品，原适用11%扣除率的，扣除率调整为10%。

三、纳税人购进用于生产销售或委托加工16%税率货物的农产品，按照12%的扣除率计算进项税额。

四、原适用17%税率且出口退税率为17%的出口货物，出口退税率调整至16%。原适用11%税率且出口退税率为11%的出口货物、跨境应税行为，出口退税率调整至10%。

五、外贸企业2018年7月31日前出口的第四条所涉货物、销售的第四条所涉跨境应税行为，购进时已按调整前税率征收增值税的，执行调整前的出口退税率；购进时已按调整后税率征收增值税的，执行调整后的出口退税率。生产企业2018年7月31日前出口的第四条所涉货物、销售的第四条所涉跨境应税行为，执行调整前的出口退税率。

调整出口货物退税率的执行时间及出口货物的时间，以出口货物报关单上注明的出口日期为准，调整跨境应税行为退税率的执行时间及销售跨境应税行为的时间，以出口发票的开具日期为准。

六、本通知自2018年5月1日起执行。此前有关规定与本通知规定的增值税税率、扣除率、出口退税率不一致的，以本通知为准。

七、各地要高度重视增值税税率调整工作，做好实施前的各项准备以及实施过程中的监测分析、宣传解释等工作，确保增值税税率调整工作平稳、有序推进。如遇问题，请及时上报财政部和税务总局。

财政部　税务总局
2018年4月4日

参 考 文 献

[1] 张志康. 会计学原理[M]. 2 版. 东北财经大学出版社，2014.

[2] 张志康. 会计学原理课程实验[M].3 版. 东北财经大学出版社，2015.

[3] 中华会计网校. 会计基础[M]：人民出版社，2016.

[4] 彭浪. 会计学原理：基础会计学[M]：立信会计出版社，2014.

[5] 郭丽华. 基础会计[M]：西南财经大学出版社，2008.